LA IZQUIERDA:
AZOTE MUNDIAL QUE EMPOBRECE Y DESTRUYE

GABRIEL ANTONIO SERRANO

GBH
Books

Managing Editors: F. P. Sanfiel and Manuel Alemán
Designer: Ricardo Potes Correa

Published in the United States by CBH Books.
CBH Books is a division of Cambridge BrickHouse, Inc.

Cambridge BrickHouse, Inc.
60 Island Street
Lawrence, MA 01840
U.S.A.

Library of Congress Catalog Number: 2013941788
ISBN 978-1-59835-326-6
First Edition
Printed in USA
10 9 8 7 6 5 4 3 2 1

Dedicatoria

Dedico esta obra para todos aquellos buenos seres humanos que se encuentran preocupados por la pobreza y las injusticias del mundo, como causa y efecto de políticos corruptos que, por su ambición de riqueza y poder, no les importa desgraciar sus países llevándolos cada día más a la miseria, apoderándose del poder por largas décadas como pasó en Rusia y sus países satélites, como está pasando en Cuba por más de 54 años, en Nicaragua por 34, en Venezuela por 14 y en muchos otros más.

La izquierda no solamente empobrece, sino que también destruye; controla la educación pública asegurándose de adoctrinar a la juventud en los principios socialistas y con odio a los empresarios y para que sean el futuro que les garantice su larga permanencia en el poder, ellos eliminan la seguridad jurídica, logrando de esta forma atrasar el desarrollo de su país.

Espero que esta obra logre abrirle los ojos a tantos incautos que creen en estos líderes falsos, que en nombre de diferentes doctrinas derivadas del comunismo como son entre otras organizaciones: los Socialistas, los Socialistas del siglo XXI, la Izquierda Unida, el Frente Sandinista, el Frente Farabundo Martí, los Terroristas, etc., destruyen todo lo creado por el hombre.

Ojalá que esta obra llene sus expectativas para que pueda así recomendarla a sus familiares y amigos para que muchos más se enteren del peligro que corre el mundo con la izquierda.

Índice

Prólogo

Son muchos los motivos existentes para preocuparnos por los continuos desastres que la izquierda o el "socialismo" siguen realizando a nivel mundial, para ellos no existen derechos y mucho menos el respeto a la constitución de un país y al "derecho ajeno" que es la paz.

Lo triste es que sus prácticas son cada día más aceptadas por el mundo. Hay una guerra declarada por los socialistas contra el capital, harán todo lo que esté a su alcance para destruirlo, y lo triste es que el capital prefiere actuar como el avestruz.

Se agrupan en diferentes organizaciones: Socialistas, Izquierda Unida, FARC, Frente Sandinista, Socialismo del Siglo XXI, Tupamaros, ETA, organizaciones terroristas, etc., y siempre todos ellos buscan la destrucción del capitalismo, de la democracia, de las religiones y, por supuesto, de los estadounidenses. Trabajan intensamente en la destrucción del ser humano para construir uno "nuevo" al servicio de su doctrina. Basta ver en las escuelas públicas la forma en que adoctrinan a los niños.

En los países que ya controlan, pretenden crear un nuevo "ser humano" —el 'hombre nuevo'— que siga ciegamente sus consignas, aceptando que solo el grupo que gobierna bajo el control del tirano y de su cúpula populista, incluidos los miembros del ejército, sean los que controlan su destino y, por consiguiente, los del país.

Aunque en países como Grecia, España y otros no se han desarrollado tiranos a la altura de los hermanos Castro, el Frente Sandinista, el Chavismo, las FARC y otros, sin embargo, el Socialismo prácticamente los ha destruido en forma impresionante, hoy tanto los españoles como los griegos sufren sus consecuencias.

El nuevo "ser humano" que pretenden crear está basado en la juventud a la que vienen adoctrinando desde una edad temprana en los colegios públicos y en algunos privados, lamentablemente el mundo ni se da cuenta ni le importa que esta educación se imparta, no logran comprender el daño que significa toda una juventud creada para el mal, una juventud que se acostumbra a extender su mano para obtener las mínimas necesidades de parte de los tiranos que la controla.

Lo primero que hacen estas organizaciones de izquierda es suprimir todo indicio de religión, no importa cuán religioso haya sido un país, ellos saben que con la doctrina del socialismo, convierten a los "seres humanos" en marionetas a su servicio.

El hombre nuevo que necesitan debe ser creado sin valores morales, sin respeto al derecho ajeno, sin tradiciones familiares, sin Dios. Los abortos, los matrimonios entre personas del mismo sexo, etc., son prioridades una vez que conquistan el poder, socavan las constituciones para, poco a poco, "legalmente", conseguir sus malignos propósitos.

No olvidemos cómo los rojos españoles en el siglo pasado se refugiaron en el socialismo, cómo asesinaron a sacerdotes, monjas, etc., para convertir a España en un país de la órbita soviética; a Dios gracias el generalísimo Franco salvó a España, costó muchísimos muertos y seguramente se cometieron muchas injusticias, pero había que detener a los rojos españoles para que no quemaran iglesias llenas de feligreses, robaran e infundieran pánico en la población.

Los líderes de izquierda utilizan el populismo, fácilmente conquistan el poder con promesas que nunca llegan a cumplir, el sistema democrático definitivamente tiene una falla muy grande, porque una vez que los tiranos conquistan el poder y tienen en sus manos al ejército, cometen cualquier clase de atropellos, la justicia desaparece como arte de magia, cambian la constitución y a los ciudadanos ni siquiera les importa ni advierten el peligro que significará para ellos y su descendencia esa nueva doctrina.

Al cambiar la constitución de la república a su conveniencia se reeligen, aumenta la corrupción, atemorizan a la población con el dominio que adquieren controlando el Ejército y la Corte Suprema de Justicia. Los demás gobiernos democráticos del mundo cierran sus ojos y oídos para aceptarlos; algunos por miedo, otros porque piensan que ellos nunca serán afectados por la izquierda.

Hoy día la izquierda, en sus diferentes variantes, es la mayor organización del mundo, convirtiéndose en la peor amenaza mundial. Ninguna enfermedad masiva, catástrofe o guerra de las que ha sufrido la humanidad ha sido tan dañina como la doctrina de la izquierda que ya tiene en su haber millones y millones de asesinatos y de injusticias.

Aquellos países que llegan a controlar se convierten en naciones preocupantes, donde la injusticia, el temor a la vida y el riesgo de que ciudadanos honestos pierdan sus actividades empresariales —así como sus propiedades— son características que de inmediato sobresalen. Controlan los ejércitos corrompiéndolos; a aquellos militares que consideran que no podrán controlar a su antojo, simplemente los eliminan y cuando tienen oportunidad de destruir a todo un ejército para sustituirlo por uno estructurado por ellos, lo hacen con el mayor descaro.

En nombre de los pobres, que es su lema favorito, conquistan países y destruyen todo indicio del progreso que crea el capitalismo, al que acusan de "capitalismo salvaje", llevan a dichos países lo más pronto que puedan a la miseria, que es factor importante para mantenerse en el poder por muchas décadas.

La izquierda trabaja arduamente para destruir tradiciones y todo aquello que les permita controlar el país a su antojo. Hace nuevas leyes, modifica constituciones que han sido sagradas, con el objeto de destruir y humillar al ciudadano honrado, trabajador, amante de la familia.

Ellos saben que al controlar las Fuerzas Armadas disponen del país a su antojo y capricho. La izquierda sabe que las verdaderas democracias —que son la base de la derecha— son además de minorías, temerosas de sus vidas, las de su familia, así como de su patrimonio, por consiguiente, se convierten en presas fáciles para esta.

La izquierda poco a poco está conquistando más países, todos ellos trabajan ayudándose mutuamente, lo importante es capturar el máximo posible de países que serán manejados acorde con la voluntad de sus secuestradores.

La izquierda aunque sus miembros no se conozcan entre sí, o bien no hablen la misma lengua, tienen una hermandad impresionante, el dinero lo hacen fluir donde se hace necesario conquistar un país que pronto celebre elecciones, o bien requiera de alguna ayuda en especial.

Si alguien piensa que ha habido países con gobiernos de izquierda que no han podido ser completamente destruidos por los socialistas, es simplemente porque no han podido corromper sus Fuerzas Armadas, se trata de ejércitos de prestigio con bases sólidas impregnadas por hombres fuertes y de derecha como lo fue el general Franco en España y el general Pinochet en Chile y lo son también muchos ejércitos más en el mundo que son ejemplos, como el de Colombia.

A ambos generales, Franco y Pinochet, los gobiernos de izquierda los han acusado de dictadores, han destruido sus monumentos, no pierden ocasión en los medios de comunicación para degradarlos, sin embargo olvidan que Franco tuvo que luchar contra un salvaje movimiento rojo al estilo ruso, ¿qué sería de España si Franco no la hubiera salvado?

Me gustaría haber visto a los rojos españoles controlados por los rusos, con ese pueblo sufriendo por más de setenta años las consecuencias de esa desastrosa y maligna doctrina, pues con solo los años que los socialistas han controlado a España, la han destruido, hoy (2010-2013) tienen varios millones de personas sin trabajo, el país está en crisis total.

Otro tanto le sucedió al general Pinochet cuando Allende llevaba a Chile por el camino del comunismo; qué puede decir sobre esto el izquierdista juez español Baltazar, que se ensañó contra Pinochet y quiere causar también problemas dentro de España, desenterrando el pasado de Franco, pero no el de los rojos españoles.

Los países que no han caído en la izquierda, demuestran con su silencio su miedo, su indolencia, su falta de auténtico valor en defensa de la democracia; es difícil encontrar en el mundo auténticos líderes que defiendan nuestros principios

13

democráticos como lo hicieron los presidentes Ronald Reagan, de EE. UU. y Álvaro Uribe, de Colombia.

Por el peligro que significa la izquierda, se encuentre donde se encuentre, escribo este libro con el deseo de que pueda ayudar a abrirle los ojos a tantas buenas personas que caen dentro de sus redes y que, sin querer, logran dar su apoyo a la izquierda formando tiranos que más temprano que tarde los destruirán tanto a ellos como a sus familias.

El cinismo, la mentira, la calumnia, la injusticia son las principales armas que aplica la izquierda, no lo olvidemos nunca.

Gabriel Antonio Serrano

CAPÍTULO I

La izquierda

Si analizamos a cualquier izquierdista, por lo general, observaremos características similares entre todos ellos, no importa de qué país sean; muchos son "resentidos sociales", otros han recibido una educación en sistemas educativos de izquierda, otros han sufrido algún fracaso y, la mayor parte de ellos, se caracterizan por la envidia, porque en su mayoría los han convertido en haraganes, cínicos y mentirosos.

Los izquierdistas solo buscan hacer el mal, la envidia y el odio los lleva siempre por ese camino, no creo que exista —aun dentro de los mismos izquierdistas— una persona que no esté completamente clara del mal que le hacen al mundo, además, justifican sus acciones destructivas en nombre de los pobres.

Es posible que existan algunos pocos izquierdistas que no tengan su alma envenenada, sin embargo, siguen siendo peligrosos porque obedecen todas las instrucciones que reciben de su partido.

Muchos de los izquierdistas posiblemente han tenido hogares desastrosos, con padres sufriendo alguna adicción, resentidos sociales, donde el amor y la comprensión no han existido, han crecido en un ambiente de protestas, de odios; del "yo qué pierdo", etc., culpando siempre al hombre que con su esfuerzo ha salido adelante, buscan cómo destruir el

15

motor principal de una nación, que es la empresa privada, odian a los estadounidenses, dudo que en su mayoría tengan una autoestima apropiada para el mejoramiento de sí mismos.

Otros izquierdistas son oportunistas, fracasados y la única forma de sobresalir es a través de la maldad, motivo por el cual se refugian en la izquierda, llámese como se llame dicha organización en su país. Nada satisface más a un izquierdista que las palabras llenas de odio, de mentira y cinismo de sus líderes, sobre todo cuando atacan a los capitalistas y a los estadounidenses en sus discursos.

Los estadounidenses, por ser un ejemplo del respeto al derecho ajeno, de esfuerzo tenaz en el trabajo, debido a sus sacrificios para encontrar el éxito y su firme propósito de vivir en paz como medio principal para lograr su mejor desarrollo, se han convertido en la envidia de los malos hijos del mundo: ¡la izquierda! También llamados ¡Socialistas!, ¡Sandinistas!, ¡FARC!, ¡FMLN!, ¡Comunistas!, ¡Socialistas del Siglo XXI!, ¡terroristas!, etc., es la organización más grande del mundo, apoyándose entre todos ellos económicamente aunque no se conozcan ni hablen el mismo idioma, además la mayor parte de los medios de comunicación los apoyan.

La izquierda ha sido responsable de más asesinatos que cualquier otra ideología; cínicamente se presenta ante sus pueblos como abanderada de la solidaridad, la justicia y la virtud como valores y cualidades de los Socialistas, Izquierda Unida, FARC, Sandinistas, FMLN, terroristas, en fin disfrazada de muchas formas.

Cuando los gobiernos socialistas pierden las elecciones, porque el pueblo se cansó de sus fracasos y mentiras, sacan a la calle estudiantes, sindicalistas y a todos los que pueden causar desastres para evitar que la derecha reorganice nuevamente la economía y el bienestar del país; lo pudimos ver en 2012 en España donde hoy gobierna un partido de derecha con una economía desastrosa que han dejado los socialistas con Rodríguez Zapatero durante ocho tristes años, algo similar lo tenemos en Chile con los estudiantes en la calle protestando contra el presidente Piñeiro.

La izquierda polariza las sociedades a través de la división de clases, logra que el odio impere entre familias, amistades y la sociedad en general, trabajan en las escuelas públicas arduamente para lograr que desde niños aprendan a odiar a los empresarios y a los estadounidenses.

En la Argentina, por ejemplo, los libros de la primaria y secundaria se refieren a los empresarios como los culpables de la pobreza y de cualquier otro mal del país, ya no digamos países como Cuba, Nicaragua y Venezuela donde abiertamente reciben entrenamiento especial para aprender a odiar al empresario, al hombre de éxito y, por supuesto, a los estadounidenses.

Cuando un país es secuestrado por estos tiranos, ellos buscan por todos los medios acabar con el sistema capitalista, la democracia, la familia, la religión, en fin persiguen la destrucción del ser humano para formar "hombres nuevos" los que manejan a su antojo, convirtiéndolos en "tontos útiles". Ya la URSS y los demás países de la órbita comunista "predicaron" con su ejemplo en el siglo XX.

Los discursos populistas ofrecen trabajos, casas, mejores salarios, salud, etc., pero solo se quedan en palabras, en la realidad lo que sí consiguen es empobrecer lo más que puedan a la población, destruyen lo productivo, piden sacrificios a la sociedad para un futuro mejor que por supuesto nunca llega. Al pobre pueblo cubano llevan más de 50 años pidiéndole sacrificios por la revolución, lo triste es que muchos tontos —formados desde niños— les creen y los respaldan.

Los tiranos destinan grandes cantidades de recursos para lograr el culto a su personalidad, se pueden ver cientos de vallas desplegadas en todas las capitales y ciudades importantes, las cadenas de TV, radio y prensa escrita están llenas de sus fotografías, por lo general controlan los medios de comunicación y si por alguna circunstancia no los controlan, los multan, los atacan con turbas de vándalos, etc.

No existe en la historia del mundo un país que, habiendo sido atrapado por estas lacras humanas, no haya sufrido hambre, injusticia, insalubridad y, sobre todo, el terror a sus Fuerzas Armadas y a la Corte Suprema de Justicia que controlan a su imagen y semejanza, conjuntamente con la policía que la hacen depender de las Fuerzas Armadas.

En cada uno de estos países, la Corte Suprema de Justicia se convierte en un títere al servicio de estos tiranos, de igual forma que los demás poderes del Estado, que poco a poco los llegan a controlar; todo en nombre de los pobres a los que usan como tontos útiles. Los tiranos no permiten la separación de poderes, ellos controlan todos los poderes del estado.

Han creado fuerzas y concentración de poder a través de la nueva estrategia conocida como "Poder Popular". Estos grupos son utilizados como fuerzas de choque, además, luchan por el control de las alcaldías o municipios para aumentar sus fuerzas de choque.

La izquierda persigue, una vez logrado sus objetivos del control total de las Fuerzas Armadas, destruir el sistema judicial de los países que controlan, sin un sistema judicial honesto los avances en cualquier país son mediocres por no decir malos. Lenin muchas veces lo decía, la mentira, el cinismo, la injusticia son válidos para que el socialismo triunfe.

Los gobiernos tiránicos de la izquierda en esta crisis económica mundial de 2008, y que posiblemente termine en 2015 o en 2020; al no tener recursos para distribuir, mantendrán la estabilidad de sus gobiernos a base de mayores represiones, tal y como le ha sucedido a los demás países con gobiernos de izquierda como Cuba, Nicaragua y Venezuela, solo para mencionar el ámbito latinoamericano.

Los gobiernos de izquierda desarrollan políticas a través de impuestos absurdos destinados a frenar la expansión del capitalismo, matan la creatividad del empresario que tiene que invertir más tiempo en defenderse que en producir.

Frenan, además, el desarrollo intelectual de la juventud, a la que educan con teorías y sistemas obsoletos, obteniendo como estrategia envenenarla contra los capitalistas y los estadounidenses. El poder creativo e innato en el ser humano lo destruyen, simplemente crean una sociedad que responde a las consignas malignas de los tiranos.

En cualquier país secuestrado por la izquierda se puede observar que:

• *Gobiernan y hacen lo que quieren porque tienen el respaldo de las Fuerzas Armadas y la Corte Suprema de Justicia, las cuales controlan a base de corrupción.*

• *Generalmente son menos de 100 los que controlan el país y son ellos los que disfrutan de todas las prebendas, poderes y riquezas.*

• *Al resto de la población la mantienen en la miseria, esto lo vimos en la URSS y sus países satélites, así como también en Cuba por más de 54 años y Nicaragua ya lleva 34.*

• *En Nicaragua gobernaron con todos los poderes con torturas, asesinatos, robos, etc. En la década del 80 lo hicieron bajo un régimen militar tiránico, ahora en 2012 —cuando también controlan todos los poderes— quieren presentarse no tan perversos y criminales como en la década del 80, sin embargo, sus principios destructivos continúan, ahora Nicaragua supera a Haití por su pobreza (Diario Las Américas, 15 de agosto de 2012) y Nicaragua pasa a ser el país más pobre del continente americano, el PIB actual de Nicaragua (2012) está al mismo nivel del año 1978 cuando gobernaban los Somoza.*

• *En Venezuela cada día, a pesar de su riqueza petrolera, el pueblo se empobrece más, así como en cualquier otro país controlado por la izquierda.*

• *Juegan estrategias para confundir a los pueblos, por ejemplo, Nicaragua que ahora (2011-2012) tiene excelentes precios — como nunca antes— para la exportación del café, carne y otros productos, más los petrodólares enviados por Chávez, confunden al nicaragüense acreditando ese bienestar al Frente Sandinista, muchos nicaragüenses no saben que superamos a Haití al ser declarados los más pobres del continente.*

• *Tienen a su favor los medios de comunicación a nivel mundial, los que en su mayoría son enemigos del capital y de los estadounidenses, favoreciendo siempre a la izquierda.*

Al controlar estos socialistas la Corte Suprema de Justicia, no solamente controlan a los jueces que la componen, sino que también corrompen a todo el sistema judicial. Llegan a tal extremo, que las propiedades que quieren robar logran, en el registro de la propiedad, arrancar las hojas que corresponden a la inscripción de su legítimo dueño para hacer una nueva inscripción y registrarla a nombre del que se la está robando.

Esta, por ejemplo, ha sido una práctica muy usual utilizada por los sandinistas en Nicaragua y, por supuesto, ha causado un enjambre de dificultades a sus legítimos dueños que al final han tenido que aceptar la pérdida de sus propiedades.

El Nuevo Herald (13-9-12) publicó:

Correa pide actuar sin reservas para vencer la derecha

El presidente Rafael Correa llamó a los dirigentes de partidos políticos de izquierda latinoamericanos reunidos en Quito, a seguir "una política del todo o nada para afrontar a la derecha que busca desestabilizarnos" y a algunos medios que han tomado el lugar de la derecha.

En otro de los párrafos de este artículo se dice:

El encuentro se cumple en el marco del Foro Internacional de Partidos Políticos Latinoamericanos y asisten delegados de Argentina, Bolivia, Colombia, Cuba, Ecuador, El Salvador, Nicaragua, Paraguay y Venezuela.

Si observamos a la América Latina en su totalidad, veremos que son pocos los países que aún no están controlados por la izquierda.

También en el mismo artículo Correa expresó que en la región:

Ganar el poder a través de las elecciones es ganar solo una parte del poder, ya que los poderes económicos, religiosos, sociales, informativos y hasta la injerencia internacional siguen allí.

Si a estos mensajes que, de parte de las izquierdas, diariamente se escuchan en diferentes partes del planeta, agregamos el adoctrinamiento que hacen en las escuelas, envenenando el alma de niños en contra del capital y de los estadounidenses, es preocupante y, sin embargo, la derecha prefiere ignorarlo pensando que ellos no serán afectados.

21

Los que buscamos un mundo de paz y de progreso debemos formar conciencia, porque si no actuamos, simplemente, el mundo será destruido por estas lacras humanas.

Observemos el gran problema que tienen muchos países europeos con la invasión de musulmanes de izquierda; en su momento no quisieron rechazar a los izquierdistas que muy astutamente les han enviado y les siguen enviando más refugiados, ellos llegan convencidos de que tienen que ayudar a la izquierda del país que los recibe para lograr los propósitos que persiguen, son millones de musulmanes que hoy pueden votar en favor de las izquierdas en los países europeos.

Cada día habrá más robos, crímenes, drogas y todo lo que fomentan directa e indirectamente los líderes de la izquierda. Son tan cínicos, que dicen luchar contra los carteles de las drogas, terroristas, secuestradores, etc., sin embargo, no tengo la menor duda de que, indirectamente o solapadamente, los apoyan como lo hemos podido ver en muchísimas ocasiones y durante varias décadas.

Cuando la izquierda o los socialistas controlan por muchos años los gobiernos, llegan a causar un daño terrible a sus pueblos, hoy tenemos, por ejemplo, que en Grecia (2012) los diferentes gobiernos socialistas que ha padecido tienen al país al borde de la quiebra.

Expertos europeos han llegado a la conclusión de que los socialistas griegos falsearon su contabilidad para entrar en la Unión Europea y luego siguieron falseando su realidad hasta que estalló el grave problema que hoy confrontan. Los socialistas griegos hicieron leyes tan absurdas como las de jubilaciones masivas a los 50 años, tenían decenas de conductores para cada coche oficial, decenas de jardineros en los hospitales públicos para cuidar una maceta.

La corrupción de los socialistas los llevó a tener la población ficticia más alta del mundo con personas de 110 años que a pesar de haber muerto muchos años antes, los seguían manteniendo "vivos" para obtener beneficios. La Unión Europea ha llegado a comprobar que hay familias que cobran cuatro y cinco pensiones que no les corresponden, hay miles de pensiones que se siguen cobrando aunque pertenecían a personas fallecidas hace más de 50 años.

Miles de jovencitas reciben pensión vitalicia de mil euros mensuales por el mero hecho de ser hijas solteras de funcionarios fallecidos, lo que grava al estado con más de quinientos millones de euros al año.

Por lo general, los socialistas griegos adquieren los equipos médicos y muchas medicinas a más de cuatrocientas veces el precio del mercado mundial. También existe un lago (Kopais) que se secó en el año 1930 y casi dos mil griegos reciben salarios y beneficios para mantener la protección de dicho lago.

Más del 25 % de la población no paga renta de ninguna clase porque son colaboradores especiales del gobierno, además, tienen más de un millón de funcionarios públicos para una población supuestamente activa de cuatro millones, muchos griegos que trabajan en puestos públicos insignificantes ganan más de 66 mil euros por año, el metro de Atenas recauda noventa millones de euros anuales y gasta más de quinientos.

Desde que los socialistas tomaron el poder, en 1978, la corrupción que han implantado a todos los niveles ha quebrado a los griegos, sus leyes permiten anticipar retiros a peluqueros, flautistas y a muchísimas otras personas por estar haciendo trabajos que los pueden contaminar o bien cansar demasiado como cuando tocan la flauta, es increíble el desastre que han logrado desarrollar. Los griegos, en su mayoría, se retiran con el 96 % de su sueldo, mientras que en Alemania y EE. UU. solo reciben el 40 % y los japoneses, 34 %.

Los griegos pretenden exigir que el resto de la

comunidad Europea les condone sus deudas y que no les pongan restricciones para seguir gozando de sus corruptos beneficios, con ese fin miles de griegos salen a la calle a causar disturbios que presionen a la comunidad europea para que siga manteniéndolos.

Por otro lado, crean empresas públicas con el objeto de legalizar sus prácticas corruptas, en la última década han creado 300 nuevas empresas públicas, tienen cuatro veces más profesores que Finlandia, país reconocido como uno de los mejores en educación, sin embargo, en la comunidad europea, Grecia se cataloga con el peor nivel en casi todas las pruebas educativas.

Es fácil reconocer a los izquierdistas sobre todo si se comparan con los de la derecha; la izquierda siempre se apoya en los ejércitos a los cuales en su mayoría corrompen, la izquierda, en sus inconformidades hace escándalos, leyes a su antojo, luchan por la destrucción del ser humano, propiciándoles leyes para que aborten, se casen entre personas del mismo sexo, obstaculizan cualquier culto a Dios, siempre están acusando y acosando a los gobiernos de derecha o a los estadounidenses, envidiando al que con su trabajo ha logrado éxito en su vida.

Lamentablemente, los países secuestrados en América Latina, como Cuba, Nicaragua y Venezuela (2012) son países donde impera el terror al Estado, los empresarios y el ciudadano común saben que pueden ser fáciles presas de los tiranos si protestan contra ellos, el resto del mundo vive dentro de una sociedad de miedo por las represalias que pudieran tomar contra ellos.

CAPÍTULO II

Por qué les interesa destruir las tradiciones y los valores

Para la izquierda, es imprescindible la destrucción de todo aquello que represente valores importantes en el ser humano, incluidos sus valores religiosos y económicos. Promueven la lucha contra la oligarquía, el empresario, el hombre honesto y trabajador, para causar odios y divisiones que favorezcan al tirano, y el futuro de su estabilidad.

Saben explotar las clases pobres, que en la mayoría de los países superan el 70%; esta es la clase que, al ser mayoría en un país, conquistan sus votos ofreciéndoles ilusiones que nunca les pueden cumplir. Los tontos útiles se ilusionan con las promesas que nunca les cumplen y los países se empobrecen mucho más.

Fomentan la fuga de miles y hasta millones de ciudadanos de la clase media, lo que logran al dejarlos sin trabajo, sin ilusiones, sin futuro. Han sido millones de personas los que han salido de sus países cuando los controla la izquierda, el mundo está lleno de estas historias.

La lealtad hacia los tiranos es la base que exigen para mantenerse bien dentro de un gobierno de izquierda; para ocupar un puesto dentro del gobierno, es más importante la lealtad que la eficiencia.

El objetivo de la izquierda, además de la destrucción de los valores humanos, es destruir todo lo que el sistema capitalista ha logrado construir con su esfuerzo y desarrollar para su propio bienestar, el bienestar de sus trabajadores y, por ende, de su país.

Si los líderes —o más bien tiranos de izquierda— no logran en corto tiempo llevar a su país de la pobreza a la miseria, no están cumpliendo con una de las reglas básicas para perpetuarse eternamente en el poder.

Aquellos países que han sido controlados por la izquierda y aún sus líderes han permitido el desarrollo económico, se puede deber a dos factores:

• *Aún no han consolidado lo suficiente las Fuerzas Armadas a su favor.*

• *Las condiciones del país no están preparadas para lograr la destrucción inmediata del capital.*

No existe, en la historia del mundo, un país que haya sido tomado por la izquierda que no haya sufrido de miles —y en algunos casos de millones— de asesinatos por esta maligna doctrina.

Las confiscaciones de propiedades, industrias, bancos, etc., son parte de la rutina que deben aplicar los gobiernos de izquierda y si no las expropian, les hacen la vida difícil e imposible al propietario.

En el siglo XXI ya no están aplicando los robos de propiedades con las "armas" en la mano como lo hicieron en el siglo XX que se aparecían con las Fuerzas Armadas y violentamente entraban a la propiedad que deseaban confiscar. Sacaban a sus dueños a empujones, algunas veces asesinándolos en su propia residencia o bien en su empresa, haciendas, etc., por lo general lo hacían delante de sus familiares o empleados.

Hoy están aplicando leyes injustas y llenas de trampas, acoso fiscal, etc., para apoderarse de la propiedad o el negocio que les interesa; simplemente los impuestos se aplican de acuerdo a la instrucción recibida del tirano o bien de la apreciación del izquierdista que maneje una institución o bien una alcaldía.

¿Qué significa esta nueva modalidad que la izquierda está empleando en varios países? Simplemente, acabar con sus adversarios, acabar con el sistema capitalista. Si un miembro de la jerarquía principal del gobierno se enamora de una propiedad, proceden a darle un avalúo para el pago de impuestos con un valor superior.

Ese valor es lo suficientemente ridículo e injusto, su propietario no lo puede pagar y si logra pagarlo en el primer año, con la esperanza de que al año siguiente deroguen ese impuesto, en el segundo año le será prácticamente imposible pagarlo, por ese motivo pierde su propiedad que después aparecerá en manos de un izquierdista o bien de un militar incondicional al régimen.

Aquí aplican su filosofía de que los impuestos son para los enemigos de la revolución y se benefician los amigos de la revolución, consecuentemente, el impuesto se le impone a la propiedad que se quiere robar. Al perderse una propiedad por no poder pagar un impuesto de proporciones exageradas, ni siquiera su dueño puede reclamar, porque la opinión pública, manejada por los medios, dirá: ¡que pague los impuestos!

Lo que no sabe el sufrido pueblo es que una vez en manos del izquierdista, que es el caso de Nicaragua, Venezuela y otros países, el impuesto que tendrá que pagar será cuando más un impuesto simbólico, si es que llegan a pagar alguno.

Este sistema de aplicar impuestos a capricho del funcionario izquierdista es una práctica utilizada por la izquierda en muchos países, sobre todo donde los ejércitos son controlados por el tirano. Si por casualidad aún no ha sido aplicada en algún país controlado por un tirano de izquierda, seguramente no tardarán en aplicarla. Esta es una estrategia recomendada por el maestro del socialismo latinoamericano: Fidel Castro.

La izquierda concentra mucho sus esfuerzos en la juventud estudiantil a la que imparten clases sobre el socialismo y, sobre todo, para demostrarles que la pobreza del país es debido a la injusticia del capital, al que llaman con mucha frecuencia "capitalismo salvaje" y, por supuesto, a los estadounidenses, a estos los declaran: ¡enemigos de la humanidad!

En muchas escuelas de Nicaragua, por ejemplo, los alumnos aprenden a cantar el himno sandinista que en alguna de sus estrofas dice: "luchemos contra el gringo enemigo de la humanidad", todo el himno está compuesto por estrofas contra el capital y los estadounidenses, su música es muy pegajosa y muchos nicaragüenses lo saben cantar.

Los izquierdistas trabajan intensamente las 24 horas del día y mantienen una hermandad impresionante con otros países de izquierda, aunque en algunos casos no hablen ni su idioma. Otro de los principios importantes que la izquierda aplica es la destrucción familiar, esto ha sido visto por la humanidad no solamente en la URSS y los demás países de Europa Oriental, sino también en Cuba, Nicaragua, Venezuela y todo país que haya caído en las garras de la izquierda.

Entre hermanos, padres e hijos, sobrinos, amigos,

etc., encontramos miles distanciados, pues es la estrategia utilizada por la izquierda para dividir familias y amigos.

En el caso del heredero de Fidel Castro para la región latinoamericana, Hugo Chávez, quien quiso destruir el Fondo Monetario Internacional, el Banco Mundial y la OEA; con sus organizaciones del ALBA, Petrocaribe, UNASUR y el Banco del Sur; sin embargo un repentino cáncer que acabó con la vida del dictador Hugo Chávez podría cambiar el nombre del heredero de Fidel, algunos piensan que podría ser Correa del Ecuador o bien su pupilo preferido, Daniel Ortega.

La lucha contra el sistema capitalista y los estadounidenses va en serio, al menos así se han pronunciado los tiranos de América Latina y de algunos países musulmanes controlados por las izquierdas.

Por ejemplo, en España, los socialistas han prohibido celebrar la fiesta de Navidad con belenes e incluso cantar en las escuelas públicas, pueden permitir para los niños cualquier disfraz en fiestas, sin embargo no es permitido nada que haga alusión a la Navidad, incluido disfraces religiosos, estamos seguros de que con el nuevo gobierno de derecha esto se pueda cambiar.

En otras palabras, los socialistas, estén donde estén, luchan para destruir tradiciones que por siglos fueron respetadas en muchísimos países, sobre todo las religiosas, en síntesis, ellos declaran que tradiciones y religión son enemigos del socialismo.

Mientras el mundo no reconozca que es en la familia con valores religiosos donde están los verdaderos valores de una sociedad y, por consiguiente, del país, el mundo seguirá destrozándose, algunos poco a poco, otros, más rápidamente, pero el ser humano que nace sin valores familiares será un ser de muy poca utilidad para el mejoramiento del mundo, más bien será un problema para la paz y el combate a la pobreza en el mundo.

Los socialistas siguen con su avance a nivel mundial porque aquellos que sustentan la democracia, la que encierra los verdaderos valores del hombre, están aterrados de miedo y prefieren actuar como el avestruz.

Ante la imposibilidad de defenderse del capital, por razones obvias, es necesario que el ser humano y, por consiguiente, el capital logren aceptar que el socialismo está en guerra contra ellos y, por ende, una de las pocas opciones que tienen para defenderse, es lograr la formación de una gran empresa liderada por grandes expresidentes y periodistas de derecha que constantemente defiendan los valores democráticos.

CAPÍTULO III

La izquierda y los millones asesinados

Karl (Carlos) Heinrich Marx —de origen judío— nació en Alemania en 1818 y murió en Londres en 1883, y fue el intelectual que creó la doctrina de la izquierda a la que llamó comunismo. Se le considera el padre del socialismo científico, tiene varias publicaciones entre ellas el *Manifiesto del Partido Comunista* y *El Capital*.

Se estableció en Bruselas donde impulsó el sistema comunista, se declaró ateo y revolucionario, y hoy lo siguen las izquierdas del mundo, las que por conveniencia de los tiempos que hoy se viven, esconden públicamente sus sentimientos ateístas.

Las diferentes publicaciones de Marx han inspirado a numerosas organizaciones políticas de izquierda llamadas de diferentes formas: Socialistas, Izquierda Unida, Comunistas, Fidelistas, FARC, Sandinistas, FMLN, Socialismo del Siglo XXI, etc., todas ellas comprometidas a destruir el capitalismo en nombre de los pobres, para crear un estado controlado por unos pocos que, a su vez, somete con dureza a la población, sin importarle las consecuencias nefastas de sus acciones.

De esta filosofía de Carlos Marx nacieron los leninistas, quienes con revoluciones sangrientas destruían lo existente para crear un nuevo mundo que llamaron "de los trabajadores", a los que sometían a las labores más infames y apenas podían comer.

El objetivo que perseguían era el avanzar hacia el socialismo, al que consideraban una sociedad igualitaria y solidaria, donde podrían desarrollar una economía planificada capaz de suplir las necesidades de la mayoría.

A los socialistas de hoy no les ha quedado más remedio que aceptar, de mala gana, la economía de mercado, aunque protestan por ella y se mantienen al acecho para destruir el sistema capitalista y, por consiguiente, la auténtica democracia a la que atacan por medio de confiscaciones o bien con impuestos absurdos.

Su odio contra la derecha y los estadounidenses es visceral y, desde pequeños, enseñan a los niños a odiarlos, inculcándoles que la pobreza, la injusticia y todos los males de la humanidad han sido provocados por ellos.

Vladímir Ilich Uliánov (Lenin) fue otro de los grandes criminales que en nombre de los socialistas asesinó a millones de personas. Nació en 1870 y gobernó a la URSS poniendo en práctica una de las doctrinas que más asesinatos y pobreza ha causado al mundo; todo en nombre de los pobres, a quienes convirtió en miserables y esclavos de sus caprichos.

Fotografías de Vladimir Lenin, quien asesinó al último emperador de Rusia Nicolás II con toda su familia, de Joseph Stalin y de muchos otros se pueden ver en Google.

Se estima que entre Stalin y Lenin asesinaron más de 40 millones de personas en la URSS y sus satélites. En 1930 Stalin (José Stalin) cambió al mundo al implementar una política de "colectivización" poniendo la agricultura bajo control del estado, que derivó en decenas de millones de muertos y por supuesto su programa fue un fracaso.

Cuando Stalin logró colectivizar el sector agrícola comenzó la hambruna causando la muerte de más de cinco millones de personas. Los chinos, gobernados por Mao, siguieron el ejemplo de Stalin en los campos agrícolas; esto causó que más de treinta millones murieran de hambre en China.

Durante la era de Stalin el hambre y la injusticia siguieron imperando en toda la URSS y los países que había sometido. Stalin quiso extender el sistema comunista por diferentes países del mundo, para lo cual inició lo que se conoció como la guerra fría. Mantuvo el control, como Secretario General del partido comunista, desde 1924 hasta su muerte en 1953.

En la época de Lenin y Stalin el hambre fue algo permanente en la URSS y los países bajo su control. Los soviéticos no podían salir de su país y tampoco permitían la entrada de cualquier persona que quisiera visitar la URSS.

La URSS y sus satélites fueron una gran prisión que no se podía visitar porque escandalizarían al mundo. Fue durante la época de Stalin que hubo pueblos dominados por la izquierda, como por ejemplo España, que quisieron unirla a la URSS, ya que este modelo cautivaba a los rojos españoles.

Los rojos españoles, como les decían, asesinaron a miles de personas entre ellos a sacerdotes católicos, porque no querían renunciar a Dios y unirse al sistema socialista soviético. A Dios gracias los españoles fueron salvados por Francisco Franco, el Generalísimo, quien luchó heroicamente contra el gobierno de izquierda que asesinaba a miles de ciudadanos opuestos a aceptar el socialismo.

Lamentablemente, Franco utilizó la fuerza para controlar a los rojos españoles y esto causó muchos asesinatos que se consideraron en su época imprescindibles para contener a los rojos.

Nikita Serguéievich Jrushchov (Kalínovka, 17 de abril de 1894-Moscú, 11 de septiembre de 1971) estableció la temida KGB en marzo de 1954 un año después de la muerte de Stalin.

Manejó exitosamente la guerra fría. Se quiso enfrentar al presidente Kennedy, enviando a Cuba misiles de largo alcance que EE. UU. no le permitió y fracasó en sus propósitos.

Otro gran asesino

El 17 de octubre de 2010 *El Nuevo Herald* publicó una foto de Adolfo Hitler relacionada con la exposición en Berlín sobre objetos del nazismo, en ella se observa una bandera del Partido Nacional Socialista Obrero de Adolfo Hitler. Este tirano asesinó entre 11 y 14 millones de personas, entre ellos unos seis millones de judíos.

Si Hitler no hubiera tenido el control del ejército con su Partido Socialista, jamás se hubiera podido convertir en el tirano y asesino que estremeció al mundo. Para obtener el control del ejército ejecutó y separó a todos aquellos que no consideraba que fueran leales a sus deseos.

Igual están haciendo los tiranos latinoamericanos con la excepción de Fidel Castro de Cuba y Daniel Ortega de Nicaragua que eliminaron por completo a los ejércitos existentes y formaron nuevos ejércitos completamente leales a sus doctrinas. Todos los tiranos que han existido y existen en el mundo se deben al control total que ejercen sobre los ejércitos a los que manejan a través de la corrupción.

Fidel Castro

Aunque no se conoce exactamente las personas que han sido asesinadas durante más de cincuenta años de tener secuestrado a su país, se le considera también uno de los grandes asesinos del siglo XX. Su hermano Raúl (2008-2012), quien es el presidente designado por Fidel debido a su enfermedad, ha sido cómplice de los asesinatos. A Fidel no le ha bastado mantener secuestrado su país, sino que también aprovechó al nefasto presidente Carter para extenderse a Nicaragua a través del Frente Sandinista.

De igual forma lo hizo con Venezuela a través de Hugo Chávez, antes de su muerte, y ahora lo está haciendo con Nicolás Maduro, quien prácticamente está heredando el control de Fidel para someter a los demás países de América Latina, sobre todo porque Venezuela es un país riquísimo en petróleo y otros minerales. Estos planes de Fidel pudieran verse relativamente truncados con la muerte de Hugo Chávez, ya que su sucesor, Nicolás Maduro, no tiene el carisma de su antecesor para controlar a las masas.

Fidel no pudo derrotar a los colombianos con las FARC —gracias al presidente Álvaro Uribe, hombre de claros pensamientos y con gran valor para luchar contra la izquierda colombiana— que con los compinches Chávez, Ortega, Correa y los presidentes de Bolivia y Argentina pretenden que las FARC controlen la presidencia como lo lograron los sandinistas en Nicaragua.

El Frente Sandinista

El Frente Sandinista es también responsable de muchos asesinatos, se estiman en más de veinte mil las personas asesinadas, incluidas las caídas durante la contrarrevolución apoyada por el presidente Reagan. Entre los muchos crímenes cometidos por los sandinistas hay acusaciones de "lesa humanidad", que incluyen a un pueblecito de la costa atlántica nicaragüense de más de dos mil personas. Daniel Ortega es un tirano porque controla totalmente el ejército y la policía, organizados por él y su hermano Humberto cuando secuestraron a Nicaragua.

Lamentablemente, cuando la contrarrevolución, apoyada por el presidente Reagan, logró que Nicaragua convocara a elecciones en las que ganó la señora Chamorro, ella no quiso aceptar la recomendación del nuevo presidente de EE. UU., George Busch, respecto a que eliminara el ejército porque de no hacerlo le causaría efectos negativos al país como en efecto ha sucedido al llevar Nicaragua más de 34 años de permanecer secuestrada.

Hay muchas fotografías que han sido publicadas en varios medios donde se pueden ver —tomados de la mano— a Ortega, Raúl Castro y Manuel Zelaya con Chávez cuando se reunieron en Nicaragua para seguir planeando cómo recuperar el poder de Zelaya en Honduras. Hugo Chávez con sus petrodólares se convirtió en un riesgo muy grande para América Latina, sobre todo porque quería conquistar varios países para que se unieran a su programa del Socialismo del siglo XXI. Afortunadamente, con su muerte, este riesgo disminuye, aunque no desaparece totalmente, por la presencia de Nicolás Maduro en el poder.

Hugo Chávez hizo grandes esfuerzos para que las FARC entren en un proceso de paz que les permita conquistar el poder y de esa forma tener otro país importante unido al grupo de Socialistas del Siglo XXI. Chávez tenía todo el respaldo de Fidel y Raúl Castro, además del apoyo de Daniel Ortega, discípulo importante en la estrategia de Fidel sobre América Latina.

Aunque aparentemente Hugo Chávez no fue responsable directamente de miles de asesinatos y secuestros sucedidos en Venezuela durante su periodo de presidente, muchos venezolanos argumentan que antes del régimen de Chávez Venezuela no tenía el alto índice de secuestros y asesinatos que se han alcanzado durante su régimen. Los crímenes antes de la llegada de Chávez apenas se publicaban en los medios de comunicación.

Muchos creen —conociendo las fórmulas de la izquierda— que seguramente Chávez tenía como estrategia no controlar estos asesinatos y secuestros, con el objeto de conseguir uno de los objetivos de la izquierda que es la emigración de miles de sus compatriotas. Durante el periodo 2010-2012 la mayoría de los medios de comunicación han publicado noticias escritas, televisivas y radiales sobre los atroces asesinatos y los desastres económicos venezolanos con el famoso Socialismo del siglo XXI.

Nunca en la historia del mundo ha existido un país donde la izquierda no haya asesinado y, además, destruido los medios de producción, con el objetivo de infundir el temor y la miseria en las poblaciones, que es la mejor opción que ellos tienen para manejar a los sufridos pueblos.

Algunos pueblos no se dan cuenta de que los están utilizando como tontos útiles, solo después de muchos años es que empiezan a comparar cómo vivían antes y cómo viven hoy, o bien cómo viven sus vecinos sin socialismo; sienten la carestía tanto en la canasta básica como en la salud, llegan a percatarse de que sus hijos tienen actitudes rebeldes imposibles de modificar, que son agresivos y poco tolerantes, en otras palabras: la influencia de la izquierda ha formado un ser ateo, irrespetuoso, haragán, indiferente, peligroso.

Por ejemplo, en Nicaragua, los sandinistas —en el periodo 1980-1990— cuando controlaron todos los poderes a través de una sangrienta revolución apoyada por el presidente demócrata de Estados Unidos Jimmy Carter; el Banco Mundial determinó que durante ese horrible periodo de solo diez años, Nicaragua retrocedió 74 años.

En 2012, es decir, 33 años después, Nicaragua sigue siendo el país más pobre del continente americano superando a Haití en pobreza. Según diferentes medios de comunicación, entre ellos el *Diario Las Américas* del 16 de agosto de 2012, el producto interno bruto (PIB) está al nivel de 1978, Honduras supera a Nicaragua en sus exportaciones en más del 70%. Antes de la revolución, Nicaragua estaba delante de cualquier país de Centroamérica, fue uno de los más prósperos de esta región, esto puede dar una idea clara de lo que significan las izquierdas.

Si han existido países controlados por socialistas que no han sido destruidos es debido a Fuerzas Armadas ejemplares como han sido las de Chile y de España, ambos dirigidos por grandes generales que defendieron sus países contra la izquierda.

El 24 de octubre de 2012 *El Nuevo Herald* publicó en la sección América Latina:

Venezuela: uno de los lugares más inhóspitos para realizar negocios

La revolución socialista del presidente Hugo Chávez continuó devorando la competitividad económica de Venezuela con la introducción de aún mayores controles, impuestos y trabas para el sector privado que convierten al país petrolero en uno de los lugares más inhóspitos del mundo para hacer negocios, dijo un informe del Banco Mundial.

Esto no debe causar sorpresas, veamos durante los gobiernos socialistas cómo empobrecieron a España y dejaron a varios millones de personas sin trabajo, sin futuro, recorramos Nicaragua, Cuba, Bolivia, Ecuador, Argentina y en fin cualquier país gobernado por la izquierda y tendremos un panorama parecido al de Venezuela.

Otro país del continente latinoamericano con un ejército ejemplar es Colombia, sin embargo, debe cuidarse mucho porque en cualquier momento la izquierda mundial le puede hacer una trampa, presionando de diferentes formas para que las FARC puedan llegar a controlar la presidencia y el gobierno de ese país y, por consiguiente, destruir al honorable ejército colombiano.

La izquierda latinoamericana necesita más sangre, más robos, más injusticias; es por eso que han luchado tanto para secuestrar al heroico pueblo de Honduras que a Dios gracias tiene un ejército que no han podido llevar a la izquierda. Como muchos sabemos, las montañas de Honduras y Nicaragua son importantes para que Irán, Cuba, Venezuela y la misma Nicaragua, logren sacar de esas montañas a miles de terroristas que arribarán a EE. UU. para atacarlo, o para cualquier otro país donde sea necesario perpetrar actos de terrorismo.

La oportunidad que tiene la izquierda mundial (2012) con un Secretario General de la OEA de izquierda es única, muchos simpatizantes estadounidenses y españoles ¡jamás! desperdiciarán la oportunidad de destruir a Honduras para lograr sus propósitos de atacar a EE. UU. con miles de terroristas. Recientemente, (septiembre-octubre de 2010), algunos senadores demócratas de Estados Unidos han solicitado se suprima la ayuda a Honduras, por homicidios, que no se resuelven, cometidos por sicarios en ese país; la excusa es perfecta, cualquiera cae en la trampa y dice: "tienen razón".

Sin embargo, estos senadores no piden los mismos castigos para Cuba, Venezuela o Nicaragua donde, se da refugio públicamente a terroristas, donde las drogas pasan camino hacia otros países, donde abusan de la constitución, roban elecciones, los crímenes y secuestros son de proporciones impresionantes y, que además, empobrecen a sus poblaciones.

En cambio, como Honduras se defendió heroicamente para no caer en la izquierda, descaradamente la atacan porque saben la importancia que tiene ese país para las drogas y el desarrollo del terrorismo; dicho sea de paso, el terrorismo es el arma más poderosa que tienen las fuerzas de la izquierda en cualquier parte del mundo.

El peligro de seguir matando

El 11-12-2010 Antonio María Delgado, de *El Nuevo Herald*, publicó lo siguiente sobre Venezuela:

Temor por supuesta base de misiles iraníes en Venezuela

Un grupo de congresistas republicanos lanzó el viernes un nuevo llamado para incluir a Venezuela dentro de la lista de los países que auspician el terrorismo, luego de que el diario alemán Die Welt informara que Irán tiene una base de misiles balísticos de mediano alcance en territorio venezolano.

¿Qué pruebas adicionales necesita esta administración respecto a que el líder venezolano Hugo Chávez es una amenaza para la libertad, estabilidad y seguridad de todo el hemisferio?, expresó Connie Mack, representante por el distrito 14 de la Florida en una carta dirigida a sus homólogos en el Congreso.

Chávez le ha brindado ayuda y respaldo a organizaciones

terroristas reconocidas internacionalmente como las FARC (Fuerzas Armadas Revolucionarias de Colombia) que están colaborando estrechamente con Irán en las industrias bancarias y de gasolina, sigue pisoteando los derechos y las libertades del pueblo venezolano, y ahora está permitiendo que Irán coloque misiles en territorio venezolano, declaró Mack.

Según el artículo de Die Welt publicado el 25 de noviembre, Chávez firmó un acuerdo durante su visita de octubre a Teherán para permitir la instalación de una base de misiles que sería operada por personal de la Guardia Revolucionaria y por oficiales venezolanos entrenados por Irán.

El artículo, elaborado a partir de declaraciones de «fuentes occidentales", señaló que la base estaría concebida para operar misiles Shahab-3, con alcance de 1300 a 1500 km; Scud-B, con alcance de 285 a 330 km; y Scud-C, con alcance de 300, 500 y 700 km.

Variantes más avanzadas de los misiles Shahab-3 han aumentado su alcance a unos 2000 km. El misil es capaz de transportar unos 1000 kg de explosivos.

El pacto incluye acápites de que Venezuela pudiera hacer uso de los misiles en caso de una emergencia nacional, informó el diario conservador con sede en Berlín, cuyos 200 000 ejemplares circulan en más de 130 países.

Venezuela ha desarrollado en los últimos años varios acuerdos de cooperación con Irán, y Chávez ha anunciado en varias ocasiones que pretende desarrollar tecnología nuclear con ayuda de Teherán.

Según versiones de prensa, son muchos los temores en círculos internacionales de que Venezuela se convierta en un puente que le permita a Irán evadir las sanciones impuestas por la Organización de Naciones Unidas, que entre otras cosas motivó que Rusia decidiera no venderle sistemas de defensa aérea S-300PMU-1.

Los analistas han señalado que Venezuela ha adquirido grandes cantidades de armamentos de Rusia, y temen que parte de este arsenal vaya a parar a Teherán.

*Mack, quien actualmente auspicia una resolución en el congreso para incluir a Venezuela en la lista de países que auspician el terrorismo criticó, junto a un grupo de sus homólogos, lo que calificó de postura **demasiado blanda** por parte de la administración de Barack Obama ante la amenaza que Chávez representa para el hemisferio.*

En una carta enviada el viernes a la secretaria de estado, Hillary Clinton, los representantes instaron a Obama a que corrija ese error.

Las consecuencias de este tipo de colaboración entre Irán y Venezuela sería devastadora y es imperativo que tengamos un plan preparado para evitar que esta asociación avance, señaló la misiva.

Le hacemos un pedido para que el Departamento de Estado añada a Venezuela a la lista de estados que auspician el terrorismo y que emprenda una investigación de inmediato sobre la actividad iraní en Venezuela, indicó la carta.

Además de Mack, los firmantes de la carta son los representantes republicanos Marsha Blackburn, de Tennessee; Phil Gingrey, de Georgia; Sue Myrick, de Carolina del Norte; Gus Bilirakis, de Florida; Dan Burton, de Indiana; Elton Gallegly, de California; y Doug Lamborn, de Colorado.

Actualmente solo cuatro países aparecen en la lista de patrocinadores del terrorismo: Cuba, Irán, Sudán y Siria.

Hasta aquí lo publicado por *El Nuevo Herald*.

Afortunadamente, los republicanos "siempre" preocupados por el peligro que significa la izquierda a nivel mundial, han escrito al presidente Obama para que corrija su error en la política hacia Venezuela.

Dentro de esa preocupación de los republicanos, olvidaron que a los "Sandinistas", además de tener un vínculo igual al de Venezuela con Irán, el gran presidente Reagan los combatió porque estaban utilizando las montañas de Nicaragua para el entrenamiento de los terroristas de las FARC de Colombia y el FMLN de El Salvador; el transporte de armas hacia Colombia y El Salvador desde Nicaragua fue impresionante.

Cada ciudadano del mundo debe conocer la importancia que tienen las montañas fronterizas entre Nicaragua y Honduras, zona ideal para dar entrenamiento a miles de terroristas, es más, debe estar consciente de que si Honduras cae, el terrorismo llegará a todos los Estados Unidos, su control será prácticamente imposible.

Los Estados Unidos tienen que percatarse de que si les es difícil controlar las drogas, más difícil les será controlar seres humanos convertidos en terroristas, como ocurrió cuando lograron destruir las Torres Gemelas, atacaron el Pentágono y murieron miles de personas en esos terribles atentados.

En Irak, Paquistán y otros países musulmanes de izquierda, vemos diariamente terroristas que fueron difíciles de identificar por las autoridades, matando miles de personas. El plan que tienen los enemigos de EE. UU. consiste en la utilización de Nicaragua, Honduras y El Salvador para causar desastres con los miles de terroristas que serán entrenados por cubanos, sandinistas, iraníes, venezolanos, FARC y algunos otros.

Si EE. UU. no procede con mano fuerte —como lo hizo el presidente Reagan, quien prácticamente acabó con los que antes se llamaban "comunistas"— contra los chavistas, los sandinistas y fidelistas, antes de cinco años nuestra muy querida América Latina se convertirá en un continente donde la mayoría de sus países no servirá y será el dolor de cabeza principal que tendrán los Estados Unidos.

El presidente Reagan con su "claridad de pensamiento" nunca dudó del mal que la izquierda genera en el mundo; por eso los combatió y tampoco le importó las protestas de las izquierdas refugiadas en diferentes organizaciones. Su mente fue clara, nuestros países amigos y nosotros debemos protegernos contra esas lacras humanas que solo buscan sembrar miseria, odios, crímenes, robos y confrontaciones destructivas.

CAPÍTULO IV

Los avances de la izquierda

Es imperativo para la izquierda mundial lograr avanzar lo más que pueda en la conquista de más países que se unan colectivamente a participar en la destrucción del capitalismo y a luchar contra los estadounidenses de cualquier forma que les sea posible.

El capital, conjuntamente con los estadounidenses, debe ser destruido, es una prioridad que han de cumplir los socialistas como lo han venido demostrando; no sé si alcanzarán sus malignos propósitos en los países que aún no han caído, pero una cosa está clara: cada día se les da más tolerancia en la conquista del poder, aunque esta haya sido por medios corruptos y fraudulentos.

Cada día hay más hambre e injusticia en el mundo, según el *Diario Las Américas* —25 de noviembre de 2012— hay más de 49 millones de latinoamericanos con hambre, y su verdadero causante es el socialismo. Los responsables de la pobreza y la injusticia mundial no son los trabajadores, los que se esfuerzan para ser cada día mejores con sus familias; tampoco lo son los países donde se respeta el poder judicial, los países que trabajan con leyes justas para sus pueblos, es simplemente la maldita izquierda.

Recientemente se publicó en el diario *El País*, de España —9 de mayo de 2011— durante el acto electoral en Gijón, donde

45

Zapatero, según el diario: "Alienta el miedo a la derecha para vencer la abstención". También se refirió esa misma tarde a que, si ganaba la derecha, esta "desmantelaría el estado de bienestar y lo dejaría como pasto para la inversión privada", ¡qué cinismo el de Zapatero!

Como se puede apreciar en esta parte de su discurso, la izquierda arremete con todas sus fuerzas para destruir el capitalismo, a pesar de que en la misma España —como en cualquier otro país del mundo— las únicas fuerzas que han traído siempre prosperidad a las naciones, han sido los hombres de trabajo que buscan el bienestar de su familia, y eso es precisamente la derecha, pero jamás la izquierda, que solo propicia angustias, desempleos, crisis, confrontaciones, regalías que empobrecen, etc.

Zapatero siguió diciendo en su discurso que solo los socialistas pueden frenar a la derecha, la pregunta que yo haría a Zapatero es: ¿por qué desea frenar a la derecha? ¿Será porque percibirá el desastre de su gobierno socialista? Un gobierno de derecha entra de inmediato a corregir los desastres del socialismo, en pocos años logra poner nuevamente el país en la ruta del éxito, lo triste es que la semilla del mal que siembran los socialistas en las sociedades, duran decenas de años causando infelicidades, angustias, miseria e injusticias.

Atacó Zapatero a la derecha diciendo que ellos no creen en el matrimonio entre personas del mismo sexo, ni en el derecho al aborto que tienen las mujeres; efectivamente la derecha, a mucha honra, no cree y seguirá luchando contra semejantes aberraciones que han logrado legalizar los gobiernos de izquierda en varios países.

Si analizamos a Zapatero, Chávez, Ortega, los hermanos Castro, Evo Morales y muchos otros izquierdistas, percibimos que todos ellos tienen las mismas características, los mismos principios: destruir para gobernar por largos periodos, desestimular el sector privado y, solapadamente, ir destruyendo el sistema capitalista, las religiones y todo aquello que ha beneficiado al ser humano, ellos, en realidad, buscan construir un nuevo ser humano sin principios, sin religión, ateos que puedan manejarlos en la miseria al antojo de sus caprichos.

En verdad, cuando la izquierda toma un país, lo acosa durante muchas décadas, por eso podemos ver la actitud de Zapatero en sus diferentes discursos. Evo Morales, por ejemplo, el 20 de marzo de 2012, dijo en su discurso que llegaron para quedarse para siempre, *El Nuevo Herald* publicó en esa fecha lo siguiente:

Evo dice que llegaron al poder para siempre

El presidente de Bolivia, Evo Morales, dijo el domingo a sus seguidores "que deben estar convencidos de que llegaron al poder para siempre", durante el discurso de inauguración del octavo congreso de su partido fundado hace 17 años.

Los antiimperialistas, los anticapitalistas, los antineo-liberales hemos llegado al palacio no como inquilinos, llegamos para siempre, hermanas y hermanos, y eso hay que debatirlo ahora en nuestro congreso", enfatizó el mandatario ante los militantes de su Movimiento al Socialismo (MÁS), reunidos en la ciudad central de Cochabamba.

El presidente pidió a sus militantes discutir en qué deben mejorar y cómo prepararse porque, según dijo, el modelo capitalista está en crisis y no es una solución para los problemas de la humanidad.

Hasta aquí lo publicado por *El Nuevo Herald*.

En muchos países se ha demostrado que, tras la euforia revolucionaria, después que los grupos de izquierda se apoderan del poder, los pueblos son traicionados; estos líderes falsos, una vez que consolidan su poder con las Fuerzas Armadas y la Corte Suprema de Justicia, gobiernan por décadas desatando corrupciones, robos, injusticias y muchos crímenes.

Hacer trampas para ganar las elecciones es la nueva estrategia de las izquierdas; el populismo lo llevan hasta su máxima expresión, lo importante es tomar el poder a cualquier precio.

El 20 de mayo de 2011 en la reunión del Foro de Sao Paulo —celebrada en Managua, Nicaragua, con más de 300 izquierdistas de todas partes del mundo— Ortega dijo en su discurso que en las elecciones "observadores internacionales es intervención" y que Nicaragua nunca más lo permitirá, refiriéndose a las próximas elecciones del mes de noviembre de 2011, es decir, a pesar de que es inconstitucional su reelección, porque lo prohíbe la constitución de la república, ya está anunciando a los nicaragüenses y al mundo, la trampa que hará el Frente Sandinista para continuar en el poder, a pesar de que tiene el control de Nicaragua hace más de treinta años.

En el ya famoso y peligroso Foro de Sao Paulo —que lo celebra la izquierda cada año en diferentes países— estuvieron, entre muchos más: Chávez, Lula, Zelaya, Morales, Correa, representantes de Cuba, China y muchísimos más; el objetivo principal en todas estas reuniones es asegurar que otros países caigan en la izquierda, seguir preparando las diferentes formas de atacar el capital y a los estadounidenses.

Ortega se atrevió a decir en esa reunión que, de la mano, llevaría a Zelaya a Honduras, todos sabemos el peligro que significará Zelaya dentro de Honduras; qué ingenuidad la del presidente Lobo que ha realizado toda clase de esfuerzos para que él regrese, a cambio de que Honduras sea aceptada en la OEA y que Venezuela y otros países tengan relaciones con su gobierno.

48

El presidente Lobo ha olvidado que tanto el pueblo hondureño como el expresidente Roberto Micheletti fueron declarados en casi todos los países del mundo como los primeros héroes del siglo XXI; qué lástima que Honduras pierda semejante admiración y, sobre todo, que entren en los problemas que se iniciarán con esta fatal decisión del presidente Lobo.

Con el poder en la mano, estos izquierdistas desprecian a los regímenes de derecha, cambian la constitución a su antojo y empobrecen el país, no importa cuán rico sea este, como ha sido el caso de Venezuela y otros países más en el mundo. Venezuela ya está liderando a nivel mundial la efervescencia contra los Estados Unidos y clamando por la destrucción del capitalismo; Chávez, por ejemplo, ha sido otro más que a los pocos meses de ser elegido presidente inició la destrucción de su país.

Chávez muy astutamente aprovechó que tenía una OEA dirigida por un izquierdista, que en silencio apoya la destrucción del capital y por consiguiente de Estados Unidos.

El 21 de mayo de 2011 se publicó en *El Nuevo Herald* y otros medios de comunicación, que hay bastantes probabilidades de que los iraníes estén construyendo bases de misiles balísticos de mediano alcance en Venezuela, aunque EE. UU. aún no lo confirma, seguramente debe ser una realidad, cuando fuentes venezolanas lo afirman.

Hay muchas fotos de Ortega y Chávez donde comparten su alegría por estar destruyendo el sistema capitalista, avanzar en sus estrategias contra los EE. UU., otras naciones y, naturalmente, contra sus propios países; conjuntamente con Insulsa, de la OEA, fueron los principales agitadores para tratar de secuestrar a Honduras.

Todos sabemos que la izquierda mundial es la organización más grande y peligrosa del mundo apoyada por terroristas, traficantes de drogas y muchos medios de comunicación.

Tienen, además de Cuba, varios países de América Latina como Nicaragua, El Salvador, Venezuela, Ecuador, Bolivia y Argentina, y muy pronto otros más caerán ante los petrodólares y el descuido de Estados Unidos.

Chávez, al visitar Teherán en octubre de 2010 , durante la reunión con el presidente de Irán —Mahmud Ahmadineyad— declaró a los medios de comunicación: "es esencial la lucha contra el imperialismo".

Chávez también profetizó durante su estancia en Teherán que "el fin del imperialismo está cerca", con lo que no contó Chávez es con su cáncer, que muy pronto se lo llevaría de este mundo.

Qué más necesita conocer el gobierno demócrata de Barack Obama para comprender que EE. UU. será atacado muy pronto a través de Nicaragua y Honduras (si este también cae en la izquierda), pues serán miles de terroristas entrenados por iraníes, cubanos, sandinistas, venezolanos que además de utilizar terroristas de esos países, incluirán salvadoreños, el país más poblado de Centroamérica, donde se encuentra la banda de criminales más organizada del mundo según informaciones de *El Nuevo Herald* —12 de octubre de 2012— a la Mara Salvatrucha, el gobierno de los EE. UU. la catalogó como una organización criminal internacional sujeta a sanciones y es considerada una violenta pandilla callejera centroamericana de alta peligrosidad.

El mundo, y principalmente los estadounidenses, debe recordar que una de las razones por las que el presidente Reagan combatió a los sandinistas, apoyando la contrarrevolución fue, casualmente, porque Rusia y Cuba necesitaban a El Salvador para enviar miles de terroristas a Estados Unidos. ¿Por qué hay interés en olvidar esta vieja estrategia de las izquierdas?, ¿será que no recuerdan al presidente Carter luchando con los presidentes socialistas de la época para que El Salvador cayera al igual que Nicaragua?

Qué pena para el mundo que un presidente de la talla de Ronald Reagan no está hoy en la Casa Blanca y qué suerte para la izquierda que hoy tiene en los Estados Unidos un gobierno controlado por los demócratas (2010).

El mundo debe recordar siempre que el presidente demócrata Jimmy Carter, además de haber destruido a Nicaragua e Irán, cometió el error de entregar el poder a los musulmanes de izquierda y a los sandinistas, todos ellos enemigos declarados de EE. UU.

Después en la guerra Irán-Irak (1980-1988) Carter tomó partido y cometió el gran error de entregarle armas y apoyo técnico a Saddam Hussein.

El recuerdo de Jimmy Carter produce escalofríos y mucho miedo, pues cuando los demócratas controlan los principales poderes en los Estados Unidos es cuando más avanza la izquierda a nivel mundial.

Además de Chávez, y ahora su sucesor, Maduro, y a miles de musulmanes y asiáticos que luchan por el fin del imperialismo, tenemos a países vecinos de Estados Unidos como Cuba y Nicaragua que no descansan en buscar cualquier oportunidad que afecte al sistema capitalista y a los estadounidenses.

Los estadounidenses, en la última semana del mes de octubre de 2011, enviaron a su Secretario de Estado Adjunto para Latinoamérica, el señor Arturo Valenzuela, quien discutió con el sandinista Daniel Ortega los temas del control de drogas.

Aunque habló también con la oposición, creo que fue más para llenar un cometido de imagen que una verdadera reunión para ayudar a protestar por los abusos de poder del tirano Ortega que viola la constitución de la república según su conveniencia personal.

Por ejemplo, los sandinistas obligan a los empleados públicos y a los estudiantes a participar en actos de vandalismo: como apoderarse de todas las rotondas de la capital con el objeto de amedrentar cualquier demostración de la población en contra de la tiranía.

La forma de asegurarse de que los empleados y escuelas públicas participen en los actos de vandalismo es amenazándolos, pues les dicen que "pasarán lista" lo que significa que aquel que no participe le quitan su trabajo o bien lo expulsan del centro de estudios.

Lamentablemente para América Latina, a los estado-unidenses lo que les importa ahora en esta región es el control de las drogas, sin embargo, cometen el error de no asociarlo como deberían con los gobiernos de izquierda que son los mayores impulsadores de las drogas hacia EE. UU.

Si el ser humano, legítimamente democrático, prefiere actuar como el avestruz, que esconde su rostro en la arena para no enterarse del peligro que significa la izquierda para sus propios intereses y el de las futuras generaciones; pronto tendremos un mundo al estilo cubano, venezolano, nicaragüense, iraní, etc., donde además de perder nuestros patrimonios, perderemos injustamente a miembros de nuestras familias y sobre todo la paz.

El haber logrado la presidencia mediante el voto de la mayoría, no significa que tengan licencia para cambiar la constitución, robar, asesinar y llevar sus países a la miseria. Siempre los pueblos en estado de pobreza —que son la mayoría— razonan en su ignorancia pensando que nada tienen que perder apoyando a la izquierda. Es triste ver al resto del mundo aceptando todos los atropellos que realizan estos gobiernos de izquierda.

52

Recientemente, el 11 de febrero de 2011, *El Nuevo Herald* publicó: **"Presunto etarra estuvo con las FARC en Venezuela"**.

Esta publicación demuestra cómo los grupos terroristas se unen y protegen entre sí. Según informó *El Nuevo Herald* en esa publicación "un exmiembro de las FARC declaró ante un juez español haber visto al presunto etarra Arturo Cubillas en un campamento de la guerrilla colombiana en Venezuela, también dijo que llevó en un vehículo a dos etarras que llegaban a impartir cursos".

Según la noticia, publicada por *El Nuevo Herald*, cuando los dejó en la selva, Cubillas los recibió; este señor tiene la nacionalidad venezolana y ocupa un cargo en un ministerio venezolano.

Cualquiera comprende que si no fuera por la cooperación que da el presidente de Venezuela a estos grupos terroristas, jamás podrían estar utilizando el suelo venezolano, aunque como es natural el gobierno de Chávez ¡lo niega!

Según informaciones internacionales, Cubillas forma parte de los doce miembros de ETA, seis de los cuales están en Venezuela al servicio de la guerrilla colombiana.

Todas estas acciones de la ETA demuestran cómo se entrelazan los grupos terroristas, no importa de qué nacionalidad sean, lo esencial es conseguir que sean los gobiernos de izquierda los que manejen el nuevo mundo que se empeñan en construir.

También *El Nuevo Herald*, meses después —el 11 de mayo de 2011—, publicó en primera plana: **"Chávez pidió a las FARC que asesinaran a opositores"**.

Esta es la misma táctica que usa la izquierda en cualquier parte del mundo, incluidos los sandinistas que en la década del 80 asesinaron a miles de personas que habían logrado apresar al triunfar la revolución. La mayoría de ellos se habían entregado voluntariamente de acuerdo a la protección que, supuestamente, les daría la Cruz Roja nicaragüense; después en la década del 90 continuaron asesinando a más adversarios, a pesar de que ya estaba en la presidencia Violeta Chamorro.

El mundo auténticamente democrático debe llevar a cabo mayores protestas que las realizadas por la izquierda, tenemos los medios y sobre todo tenemos "la verdad", que es lo más importante para luchar contra la izquierda.

Cuando un presidente de derecha sea atacado por los medios de comunicación, como está sucediendo con el expresidente de Colombia Álvaro Uribe, es indispensable que en cada país demos muestras de solidaridad con el funcionario que injustamente sea atacado por la izquierda, defendámoslo usando los medios que estén a nuestro alcance, esté o no en el poder.

Ahora que Chile tiene un presidente de derecha, la izquierda chilena lanza a las calles a los estudiantes para causarle problemas y evitar que el presidente Piñeiro pueda desarrollar los planes de su gobierno, de cualquier forma la izquierda seguirá creando problemas que opaquen su labor y, por consiguiente, no dejen trabajar al presidente Piñeiro.

A aquel que lucha contra la izquierda no debemos dejarlo solo, nos encontremos donde nos encontremos, siempre podemos hacer algo para ayudarlo. Utilicemos los recursos de Internet, enviando mensajes a nuestros amigos, familiares, etc., lo importante es "que estos defensores de la democracia no se encuentren solos".

Álvaro Uribe, quien ha sido uno de los mejores presidentes, no solo de Colombia, sino también de América Latina, ahora como expresidente, los españoles de izquierda, procedieron a acusarlo en las Cortes de España con el objeto de lograr obtener los mismos maquiavélicos resultados que obtuvo el juez Garzón de España contra el general Pinochet.

Ha sorprendido al mundo que el nuevo presidente de Colombia, Juan Manuel Santos, haya contratado al izquierdista Garzón de España para que represente a Colombia en la OEA y se haya prestado para que, conjuntamente con el izquierdista Hugo Chávez, presidente de Venezuela, hayan logrado que Manuel Zelaya regrese a Honduras, suprimiendo todos los juicios legales que se tienen contra él a cambio de que Honduras regrese a la OEA

Le recordamos al presidente Santos que durante la década del ochenta, cuando los sandinistas gobernaron con todos los poderes, fueron utilizadas las montañas de Nicaragua para dar entrenamiento a los terroristas de las FARC y del FMLN, motivo por el cual, el recordado presidente Ronald Reagan los combatió formando la contrarrevolución, es una pena porque para la izquierda mundial es imperativo que Honduras caiga en la izquierda para que, conjuntamente con las montañas de Nicaragua y su frontera con El Salvador, se puedan sacar miles de terroristas entrenados por iraníes, venezolanos, sandinistas, cubanos, etc., que atacarán no solo a EE. UU., sino también a cualquier otro país que consideren conveniente hacerlo.

El presidente Santos deberá cargar con esta gran culpa que comparte Porfirio Lobo, actual presidente de Honduras, quien también, por la amenaza de la OEA, ha tomado como pretexto que Zelaya regrese a Honduras sin ser juzgado; Zelaya tiene un compromiso con la izquierda mundial y debe destruir a Honduras llevándola hacia la izquierda al igual que está Nicaragua, Venezuela, Cuba, etc., pronto veremos esta realidad si no logramos comprender lo que significa la izquierda.

La izquierda mundial se encarga de desprestigiar, calumniar, atacar a nuestros líderes de la derecha; porque nosotros no tenemos la capacidad para defendernos y ripostarle con sus mismas armas.

55

Muchas veces me pregunto, ¿será que los hombres que aprecian sus familias, su trabajo y los logros obtenidos no piensan al menos unos minutos durante su vida?, ¿qué puedo hacer para combatir el avance de la izquierda?, ¿será que son insensibles ante los secuestros, crímenes que diariamente se cometen en países controlados por la izquierda?

Es cierto que también en países democráticos como México se ha desatado una ola de crímenes espantosos, pero la diferencia con los países controlados por la izquierda es que México los está combatiendo con todas sus fuerzas, en cambio en la Venezuela de Chávez, ahora de Maduro, o cualquier otro gobierno de izquierda, no lo hacen.

¿Qué le pasa a la auténtica democracia que no reacciona ante la injusticia que diariamente comete la izquierda en diferentes países? ¡Por qué tanta insensibilidad!

En verdad, todos los que valoramos y apreciamos la democracia podemos contribuir a la lucha contra la izquierda, algunos dando su tiempo, otros apoyando causas con su dinero, otros adquiriendo y difundiendo materiales que ayuden a desenmascararlos, en fin hay muchos medios que definitivamente todos y cada uno podemos utilizar.

No nos cansemos de que nuestros hijos escuchen de nosotros el perjuicio mundial que llevan a cabo constantemente los grupos de izquierda, no importa que se llamen: Socialistas, Izquierda Unida, Socialistas del Siglo XXI, Tupamaros, FARC, Sandinistas, FMLN, terroristas, etc.

Los padres de familia debemos recordar cómo en Cuba, Nicaragua y otros países controlados por la izquierda lograron que los hijos denunciaran a sus padres y viceversa, la destrucción familiar siempre ha sido uno de los éxitos que persigue la izquierda, por eso y más, es que nunca debemos cansarnos de que nuestros hijos, nietos, etc., oigan de nosotros lo que significan las izquierdas.

Todos ellos persiguen el mismo objetivo; la destrucción del ser humano para formar un "hombre nuevo" que responda a la voluntad de la doctrina de la izquierda: la destrucción del capital y una vida sin Dios.

Su verdadero éxito les llega cuando controlan a su voluntad las Fuerzas Armadas que corrompen y así gobiernan tiránicamente. Recordemos que no existe en la historia del mundo un país controlado por la izquierda, que no haya tenido que sufrirla por setenta y hasta más de cien años; hay excepciones, pero también tienen su explicación, por ejemplo en el caso de Chile, España y Colombia, gracias a sus ejércitos ejemplares que no han podido corromper las izquierdas.

El miedo, que definitivamente sentimos porque sabemos lo malas e impredecibles que son las izquierdas, tenemos que superarlo por medio de estrategias creativas que cada uno debe desarrollar, de muchas formas podemos contribuir con todos aquellos que las estén combatiendo, sea de la forma que sea.

Si logramos hacer aunque sean cosas insignificantes, nos daremos cuenta de que cosas grandes y algunas veces imposibles pueden estar pasando en defensa de nuestra democracia. Si no hacemos nada, porque creemos que nada se puede hacer, dentro de diez años o menos, nos sentiremos arrepentidos por no haber contribuido a que nuestra democracia no sea derrotada.

Si leemos cualquier diario o vemos televisión, cada día leeremos o bien veremos que la izquierda continuamente avanza, esto es un gran problema que solo nosotros, conscientes de lo que sucede, podemos combatir. Hay tanto cinismo en la izquierda que quieren adueñarse de la palabra democracia. Si combatimos la izquierda evitaremos sufrimientos, frustraciones, corrupciones, asesinatos, robos, injusticias, miseria y más.

Si por el contrario no lo hacemos, nuestro país no tendrá futuro ni para nosotros ni para nuestros hijos, la miseria imperará en nuestras ciudades, seguramente perderemos nuestras propiedades, negocios, etc., perderemos nuestra salud y seremos víctimas del pánico y de la inseguridad.

Los impuestos concebidos por las izquierdas para destruir el capital reinarán en nuestros países, sin embargo la culpa será nuestra por no haber controlado el miedo que estos malvados producen. ¡Venezuela es un ejemplo de lo que significa la pasividad ciudadana!

Cuando Nicaragua fue secuestrada por los sandinistas con la ayuda de Carlos Andrés Pérez, presidente de Venezuela, muchos nicaragüenses fuimos a dar conferencias al sector de la iniciativa privada venezolana; lamentablemente nos contestaban: "a nosotros no nos puede pasar lo mismo que a ustedes, somos un país rico en petróleo y los estadounidenses no lo permitirán". ¡Hoy me gustaría conocer qué piensan los venezolanos sobre esa pregunta!

Así como los venezolanos no creían que su presidente Carlos Andrés Pérez, miembro de la Internacional Socialista, por haber destruido Nicaragua, facilitaría años después la destrucción de Venezuela con un gobierno de izquierda, también le podrá pasar a otros países cuyos gobiernos coquetean con la izquierda.

La Internacional Socialista, en las décadas del setenta y del ochenta, fue funesta para el mundo, ya que la mayoría de sus directores era un puñado de izquierdistas que se proponían entregar, además de Nicaragua, a El Salvador y otros países a la órbita Rusa.

Lamentablemente para América Latina, además de Carlos Andrés Pérez que con sus petrodólares estaba apoyando a los sandinistas y a varios grupos de terroristas como el FMLN de El Salvador, estaba también el presidente de México José

López Portillo quienes juntos dirigían la nueva estrategia para sembrar la izquierda en el continente.

Recientemente en ocasión de la muerte de Carlos Andrés Pérez en Miami, *El Miami Herald* publicó —el 29 de diciembre de 2010— lo que dijo el sandinista Sergio Ramírez, exvicepresidente de Nicaragua en la década del 80 con Daniel Ortega como presidente —hoy separado de él—. He aquí su opinión:

"Critico al gobierno sandinista de Daniel Ortega por guardar silencio ante la muerte de Carlos Andrés Pérez", de quien reveló: "ayudó política, diplomática y materialmente a derrocar a la dictadura de los Somoza en este país centroamericano".

Ramírez aseguró que "la ayuda brindada por el exgobernante venezolano a los sandinistas para derrocar por la fuerza de las armas a la dictadura de los Somoza (1937-1979) fue tan decisiva, que a lo mejor sin él no hubiéramos visto el triunfo de la revolución tan pronto como se dio".

En otras publicaciones también aparecidas en Miami (*Diario Las Américas*) afirma Sergio Ramírez que "mensualmente recibían de Carlos Andrés Pérez la cantidad de cien mil dólares".

Esta acción de Carlos Andrés Pérez demuestra lo que los petrodólares de izquierda pueden hacer; hoy tenemos una Venezuela chavista inundando de petrodólares a Nicaragua y otros países de la región.

Carlos Andrés, una vez que el presidente Reagan pudo combatir a los sandinistas por medio de la contrarrevolución, logró convencer —conjuntamente con otros gobiernos de izquierda, como el de Oscar Arias— a los sandinistas para que aceptaran celebrar elecciones y, de esta forma, no fueran derrotados por las armas y, si perdían en las elecciones, podrían seguir gobernando desde abajo, si lograban quedarse con su ejército, cosa que les fue muy fácil durante el gobierno de doña Violeta y la sencillez del pueblo nicaragüense que no llegaron a comprender que de esa forma Nicaragua quedaría secuestrada.

Hay que recordar que el presidente Bush y la comunidad europea ofrecieron a doña Violeta respaldarla, para que eliminara el ejército sandinista; sin embargo, ella no aceptó y más bien pidió manejar sola la situación.

Carlos Andrés Pérez fue el responsable, no solamente de haber permitido el secuestro de Nicaragua, si no de haber puesto a Latinoamérica en mayores riesgos para que la izquierda avanzara, como le sucedió a la misma Venezuela, que años más tarde la tomaría Hugo Chávez.

A Dios gracias, a principios de la década del ochenta, el presidente Carter perdió su reelección y ganó un presidente republicano completamente antiizquierdista y con una claridad de pensamiento impresionante: el gran presidente Ronald Reagan.

Reagan no dejó avanzar más las políticas del presidente Carter, quien pretendía conjuntamente con Carlos Andrés Pérez y López Portillo —presidente de México—, que El Salvador también cayera en la izquierda. Me gustaría ver la actuación del presidente Chávez en la época de Reagan.

Los socialistas, o sea la izquierda, logran, con sus regalías insostenibles, apoderarse de los países por medios legítimos como podrían ser las elecciones; en algunos países lo hacen fraudulentamente como ha sido el caso de Nicaragua, en otros les basta hacerlo por los medios legítimos porque saben que a los pueblos, cuanto más les concedan lo insostenible, más votos tienen a su favor, como ha sucedido con los griegos, los españoles y los italianos en Europa.

Durante el periodo 2011-2012, han sido publicadas de forma somera, en los medios de comunicación principalmente de Europa, temas sobre el derroche, la corrupción y las manipulaciones que han hecho tanto los gobiernos de izquierda de Grecia como de España, al punto de que tienen prácticamente quebrados a sus países.

El Nuevo Herald publicó el 30 de junio de 2012 un estupendo artículo del famoso periodista Andrés Oppenheirmer sobre el caso de la destitución del que fuera presidente del Paraguay, Fernando Lugo, aquí su artículo:

Paraguay: *La defensa selectiva de la democracia*
(Andrés Oppenheimer
aoppenheimer@elnuevoherald.com)

Disculpen el atrevimiento, pero Brasil, Argentina, Colombia y otros países latinoamericanos tienen mucha de la culpa por la reciente salida forzada del expresidente paraguayo Fernando Lugo: han permanecido en silencio ante tantas violaciones a la democracia en Nicaragua, Bolivia, Venezuela y Cuba que han contribuido a crear un clima de "vale todo" en la región.

La defensa selectiva de la democracia de muchos países latinoamericanos — que ponen el grito en el cielo cuando presidentes de derecha atropellan las libertades democráticas, pero no dicen una palabra cuando presidentes de izquierda hacen lo mismo — ha dado como resultado una constante erosión de la democracia.

El nuevo gobierno paraguayo del presidente Federico Franco, que fue suspendido del Mercosur, argumenta que el congreso paraguayo actuó estrictamente dentro de los límites de la constitución cuando depuso a Lugo el 22 de junio.

El artículo 225 de la constitución de Paraguay permite que el congreso paraguayo enjuicie al presidente "si desempeña mal sus funciones" y si — tal como ocurre en los sistemas parlamentarios — dos tercios de ambas cámaras del congreso votan su destitución. La votación contra Lugo fue de 39 a 4 en el Senado y de 73 a 1 en la Cámara de Diputados.

Pero los críticos señalan —acertadamente— que el procedimiento no cumplió el proceso debido, porque no se le dio a Lugo el tiempo necesario para preparar su defensa. Aunque el artículo de la constitución no especifica el tiempo que se debe dar al presidente, otros artículos dicen que todo individuo tiene derecho "al tiempo indispensable para preparar su defensa". Lugo había pedido dieciocho días, pero solo se le concedieron dos horas.

En cualquier caso, los legisladores que orquestaron la destitución forzosa de Lugo deben haber sentido que su "juicio político express" era un pecadillo menor comparado con las violaciones de los derechos democráticos que están teniendo lugar en otros países de la región, sin ninguna consecuencia diplomática.

En las elecciones de 2011 en Nicaragua, no hubo ninguna queja oficial latinoamericana cuando el presidente Daniel Ortega se hizo reelegir para un tercer período presidencial pese a todo tipo de irregularidades. La misión de observación electoral de la Unión Europea afirmó que el resultado electoral fue "opaco", y que el proceso "fue conducido por un sistema electoral que no era independiente".

Casi todos los observadores internacionales coincidieron que la candidatura de Ortega para la reelección estaba prohibida por el artículo 147 de la constitución nicaragüense, que prohíbe la reelección consecutiva, o por más de dos períodos. Pero Ortega consiguió que los jueces sandinistas dictaminaran —en un procedimiento ilegítimo— que la cláusula constitucional no se aplicaba en este caso.

De manera semejante, tampoco hubo quejas latinoamericanas cuando el presidente venezolano Hugo Chávez inhabilitó sin debido proceso a más de 270 líderes opositores en las elecciones para gobernadores estatales de 2008.

Tampoco hubo reclamos regionales cuando Chávez decidió no renovar la licencia de la cadena televisiva independiente RCTV, ni cuando desconoció la voluntad de los votantes venezolanos, que en 2008 eligieron al candidato opositor Antonio Ledesma como alcalde de Caracas. Tras la victoria electoral de Ledesma, Chávez creó un nuevo cargo por encima del alcalde de Caracas, y le quitó a Ledesma casi todos sus poderes y, virtualmente, todo su presupuesto oficial.

En Bolivia, durante los últimos cuatro años, el presidente Evo Morales ha encarcelado o enviado al exilio a casi todos los gobernadores estatales opositores, sin someterlos a los procedimientos señalados por la ley. Al menos cinco gobernadores opositores, incluyendo a algunos excandidatos presidenciales de la oposición, han sido encarcelados u obligados a salir del país sin debido proceso.

Y el dictador militar de Cuba, general Raúl Castro, en lugar de ser presionado para que permita elecciones libres, ha sido recibido con creciente calidez por muchos de los presidentes que hoy denuncian la destitución de Lugo. En la reciente Cumbre de las Américas en Cartagena, Colombia, casi todos los países de la región amenazaron con no asistir a futuras cumbres entre Estados Unidos y Latinoamérica si Cuba no es invitada.

Por absurdo que parezca, Cuba —que no ha permitido elecciones libres en más de cinco décadas— retiró su embajador de Paraguay la semana pasada, señalando en un comunicado que la isla "no reconocerá autoridad alguna que no emane del sufragio legítimo y el ejercicio de la soberanía por parte del pueblo paraguayo", informó la agencia EFE.

Mi opinión: La destitución del expresidente paraguayo Lugo estuvo mal y —aunque no es tan claramente violatoria de la ley como el golpe de Honduras en 2009— merece la condena de la región.

Pero la indignación selectiva de Brasil, Argentina,

Colombia y otros países por la violación de los principios democráticos en la región ha promovido este tipo de conductas. Es hora de que los países alcen la voz contra todas las violaciones de los principios democráticos, ya sea en Paraguay, Honduras, Nicaragua, Venezuela o Cuba.

Hasta aquí el artículo de Andrés Oppenheimer.

Si analizamos este artículo, percibimos que refleja la completa realidad de lo que pasa con los países secuestrados, donde los otros se hacen de la vista gorda por todos los crímenes, robos, injusticias, abusos a la constitución, etc., etc., a Dios gracias el nuevo presidente del Paraguay es de derecha y no permitirá que su país siga por ese camino de destrucción, sin embargo, será fuertemente atacado por los países de izquierda.

CAPÍTULO V

El cinismo, la calumnia y la corrupción: Armas estratégicas predilectas y necesarias de la izquierda

Estos son tres elementos básicos utilizados por cualquier izquierda, las saben utilizar con gran destreza, ellos se atienen a que las Fuerzas Armadas y los medios de comunicación en su mayoría estarán respaldando sus acciones.

Lo que les importa es que, utilizando el "poder del cinismo", dicen sus mensajes para presentar ante los pueblos falaces mentiras que, en base a repeticiones, convierten en supuestas verdades, sobre todo cuando atacan a la derecha y a los estadounidenses.

Las izquierdas ganan porque las poblaciones —en su mayoría inocentes y pobres— son víctimas del engaño y por qué no decirlo: la desesperación por la pobreza en que viven les hace exclamar: ¡nada tenemos que perder! Los izquierdistas calumnian a cualquier persona que quieran perjudicar, lo importante para ellos es avanzar en sus planes diabólicos.

Hablan del pasado para culpar a otros gobiernos de que, por estar del lado del sistema capitalista, son los culpables de la pobreza en que está sumido su país, no descansan en hacer alardes contra cualquiera que combatió la izquierda, aun después de muerto no lo dejan descansar y de levantarle calumnias.

65

Tenemos los casos de Franco en España y de Pinochet en Chile; al generalísimo Francisco Franco le tocó combatir en una tremenda guerra civil a los rojos españoles que estaban llevando a España a convertirse en otra Rusia.

Los rojos españoles asesinaron a miles de personas, incluyendo a sacerdotes y a todos aquellos que no cooperaban con ellos, quemaron iglesias llenas de feligreses y de igual forma hicieron desaparecer monasterios. A Dios gracias Franco salvó a España, sin embargo, los socialistas no descansan en presentar esta guerra como un magnicidio del Generalísimo.

Han derribado todas las estatuas que le fueron construidas; a través de los medios de comunicación de izquierda atacan su memoria al punto de que ya el pueblo español está dudando si realmente salvó a España de ser otro país de la órbita rusa.

Hacen películas para la televisión y el cine mostrando a Franco como un tirano, presentan a los rojos españoles como los muchachos buenos de la película, en fin realizan lo que pueden para afectar a las Fuerzas Armadas y, solapadamente, a la Corona española a la que pretenden destruir.

Otro caso lo tenemos con la izquierda chilena, los cuales hasta consiguieron que el juez español izquierdista Baltasar Garzón lograra mantener al general Pinochet en prisión domiciliaria en Inglaterra, provocando un escándalo mundial y presentándolo como asesino del pueblo chileno.

Lo que los socialistas chilenos y, por supuesto, el juez Baltasar Garzón no cuentan, es que Allende estaba llevando a Chile hacia el comunismo y que durante su mandato mataron a muchos chilenos inocentes.

Los que vivieron esa época recuerdan los asesinatos que cometieron, los racionamientos de alimentos, medicinas, etc., si el general Pinochet no salva a Chile, seguramente Allende hubiera sido un dictador como los de cualquier otro país controlado por la izquierda, sobre todo cuando ya Fidel Castro alardeaba en todo el continente y lo estaba dirigiendo.

La corrupción es otra de las armas importantes que utiliza la izquierda tan pronto toma el poder. Al apoderarse de cualquier país mediante revoluciones, su primera misión es destruir completamente a las Fuerzas Armadas y a la Policía existentes.

Ellos sustituyen las Fuerzas Armadas y la Policía por aquellos completamente leales a sus caprichos y decisiones, como fueron los casos de Cuba y Nicaragua en América Latina.

Cuando toman el poder por medio del populismo me-diante elecciones —en muchos casos válidas— proceden de inmediato a eliminar de las Fuerzas Armadas a casi todo el alto mando que estiman que no pueden corromper y se quedan con aquellos a quienes consideran fáciles presas para sus planes hegemónicos. Posteriormente van purgando a aquellos militares de los que desconfían, hasta lograr un ejército ciento por ciento leal a sus caprichos.

Después de controlar las Fuerzas Armadas, la izquierda procede, en segundo término, a ejercer el control de la Corte Suprema de Justicia, mediante la cual realizan todos los atropellos legales para destruir el sistema democrático. A Dios gracias hay países donde la izquierda no ha podido corromper a las Fuerzas Armadas, donde sus militares son orgullo de sus naciones.

El Nuevo Herald del 27 de octubre de 2010 en su primera página publicó con grandes titulares: "**Venezuela el país más corrupto de América Latina".**

Qué se puede esperar si es un país controlado por la izquierda, esa es una de las tácticas que siempre han sido utilizadas, si no preguntémosle a los rusos, nicaragüenses, cubanos, etc. Muchos economistas cuando hablan en entrevistas a los medios de comunicación sobre los países controlados por la izquierda, nunca se refieren a que su verdadero problema es que están secuestrados.

¿Qué más pruebas se pueden tener para los casos de Cuba, Nicaragua y más recientemente Venezuela?, ¿será que existen personas supuestamente democráticas que aún creen que esos países no están gobernados por tiranos?

En la realidad histórica, se mantienen esos países secuestrados, porque son muchos los gobiernos de algunos países supuestamente "democráticos" que los ayudan directa o indirectamente.

El mundo, para salvarse, necesita gobiernos de la estatura de Ronald Reagan (q. e. p. d.), José María Aznar, Álvaro Uribe y Jorge Quiroga, cuyos gobiernos no toleraron a los gobiernos de izquierda.

CAPÍTULO VI

Las Fuerzas Armadas
y la Corte Suprema de Justicia

Debemos estar siempre conscientes de que cuando los tiranos se apoderan de un país, es porque tienen el control total de las Fuerzas Armadas y de la Corte Suprema de Justicia.

Después que aseguran el control de las Fuerzas Armadas, lo siguiente que controlan son los demás poderes en la medida que los necesiten, simplemente los toman y hacen de ellos lo que quieran, al punto de que se llegan a burlar de los principios democráticos por los que tal vez fueron electos; cambian la constitución de acuerdo a sus necesidades y lo que es peor, en el mundo libre se hacen los tontos para dejarlos actuar.

Carecen de importancia las protestas que se hagan en las calles, en los foros mundiales, a través de los medios de comunicación de la derecha, etc., de nada servirá porque el tirano, que tiene el control de las Fuerzas Armadas, sabe que tiene al país en sus manos. Entonces ¿cuál es la solución? Esta no es fácil, pero sí existe y sin derramamiento de sangre, al menos en países como Nicaragua y otros que puedan tener condiciones similares, se podría:

• *Suprimir las Fuerzas Armadas y convertir a Nicaragua en un país de leyes como lo hizo Costa Rica desde 1948 al suprimir su ejército.*

El ejército sandinista tiene en armamento —entre tanques de combates, aviones de guerra, helicópteros, misiles de largo alcance (un peligro si los entregan a terroristas), municiones, camiones, autos, etc.— más de mil seiscientos millones de dólares, según estimaciones conservadoras del mismo ejército.

El armamento está destinado para invadir a otro país o evitar que sea invadida Nicaragua por países enemigos. ¿Quién se podrá creer semejante pretexto? ¿Para qué sirve el armamento? Nicaragua no puede invadir a Costa Rica, este país no tiene ejército desde 1948 cuando decidieron utilizar esos recursos en la educación de la niñez; naturalmente el mundo defendería de inmediato a Costa Rica si Nicaragua quisiera invadirla.

Si Nicaragua ataca un país vecino, digamos a Honduras, este, por sus principios democráticos que ya han demostrado al luchar contra la opresión de izquierda, ganarían, porque más del 80% de la población hondureña se incorporaría a defender su democracia; ellos han demostrado que no quieren convertirse en un país sumiso y secuestrado como lo es Nicaragua, muy difícilmente el mundo lo permitiría si Nicaragua no tuviere ejército como es el caso de Costa Rica.

Si Nicaragua quiere atacar a Colombia para recuperar la isla San Andrés, en pocas horas Colombia destruiría a Nicaragua. En otras palabras el ejército nicaragüense solo sirve para intimidar a su población, ¿podría decirme alguien para qué le sirven aviones de combates, tanques, cañones, armamento pesado, armamento de alta peligrosidad como los SAM-7, los cuales EE. UU. les ha ofrecido cambiárselos por medicamentos y otros productos para destruirlos en la misma Nicaragua?

Consecuentemente, la solución de los nicaragüenses, y posiblemente de muchos otros países, sería:

• *Recoger las firmas que sean necesarias para obligar a la Asamblea (el Congreso) a poner en su agenda: "escuelas por ejército".*

• *Mantener una campaña constante en los medios de comunicación "queremos escuelas y no ejército".*

• *Organizar marchas pacíficas un día de la semana previamente establecido, todos vestidos con algún distintivo, por ejemplo camisas y blusas blancas. La empresa privada nicaragüense tiene que dar total apoyo económico y solidario a esta causa.*

• *Luchar por todos los medios posibles para que la ayuda que recibe Nicaragua de países amigos sea suspendida hasta que se suprima el ejército.*

• *Mantenerse en comunicación permanente con los embajadores radicados en Managua para que se concienticen de la necesidad de abolir el ejército.*

• *Como el ejército sandinista mantiene al tirano Ortega y su régimen; se debe utilizar Internet y cualquier medio existente que quiera cooperar en la liberación de Nicaragua.*

• *Nicaragua gasta anualmente en sus Fuerzas Armadas cientos de millones de dólares, cantidad que podría utilizarse en pagar diez mil maestros adicionales con sueldos de seiscientos dólares cada uno y no ciento cincuenta que es lo que ganan hoy los más favorecidos.*

Si se elimina el ejército, en pocos años Nicaragua saldría de su miseria, se acabarían los tiranos y se convertiría en un país de leyes como lo es Costa Rica, o mejor aún los EE. UU., por ejemplo.

Nicaragua podría tener, como lo tiene Costa Rica, una policía profesional y especializada en diferentes áreas como drogas, delitos comunes, etc., estoy seguro de que sobrarían países amigos listos para dar el entrenamiento profesional a una policía completamente nueva para que también quede abolida la policía sandinista que actualmente actúa respaldando al sandinismo.

Todos los poderes se controlan cuando el tirano tiene en sus manos las Fuerzas Armadas

Por ejemplo en Nicaragua Daniel Ortega ha logrado —a través de la Corte Suprema de Justicia, que naturalmente controla— mantener en periodos vencidos a la misma Corte, al Consejo Supremo Electoral y varias otras carteras que necesita para su reelección fraudulenta. ¿Quién lo puede PARAR? Absolutamente NADIE, ¿por qué? Porque tiene el ejército.

Comprendemos el porqué países como Nicaragua, Cuba, etc., seguirán secuestrados por muchísimas décadas más, comprendemos que no hay solución hasta que estos pueblos lleguen a comprender que solo sustituyendo al ejército y la corrupta policía por escuelas y centros de salud, podrán llegar a ser libres y regresar al mundo de progreso y oportunidades que le ha sido suprimido.

De cualquier manera que lo analicemos "las Fuerzas Armadas" o el ejército, son los responsables de la existencia de los tiranos y, por consiguiente, de la destrucción del país.

Cada miembro de las "Fuerzas Armadas" debe saber que participando en esa organización se hace responsable del robo de la educación de la niñez, de la falta de salud y de la miseria e infelicidad de su pueblo secuestrado. Un país como Nicaragua nunca podrá ser libre y salir de su miseria mientras existan el ejército y la policía al servicio del tirano.

Por el contrario, si Nicaragua o países con situaciones similares llegan a comprender que al suprimir las "Fuerzas Armadas" se utilizarían esos recursos para educación y salud, veríamos en pocos años un país en progreso continuo, con recursos y sobre todo con una población feliz y en franco desarrollo.

Las inversiones, el trabajo y los recursos, llegarían a montones, convirtiéndolo en uno de los países más atractivos de la región. Dios quiera que el nicaragüense o aquellos países con situación similar, puedan llegar a comprender algún día, que la única forma de componer para siempre su país es no teniendo ejército.

Quitarle al niño su derecho a la educación y a tener una mejor salud por culpa de los militares que componen el ejército, o bien de una policía al servicio del tirano, es un crimen que no debemos seguir permitiendo. Cada vez que se vea a un militar, debemos ver en él, a un hombre sin princi-pios vendido al capricho del dictador.

Con los militares al servicio incondicional del tirano, hasta crímenes contra sacerdotes se realizan en Nicaragua sin que la justicia haga absolutamente nada; a cualquier ciudadano que les convenga destruir, le levantan calumnias, lo apresan, le fabrican pruebas, lo importante es amedrentar a la ciudadanía para que vean lo que les puede pasar si critican algo o quieren protestar contra el régimen. ¿Es esto democracia?

CAPÍTULO VII

La muralla en la frontera entre México y Estados Unidos

Lamentablemente cuando se habla de la muralla de protección que están construyendo los Estados Unidos en su frontera con México, algunos la confunden "intencionalmente" con el fatídico Muro de Berlín que construyeron los comunistas en Alemania.

Lo que mucha gente no comprende es la gran diferencia entre aquel y esta. La muralla entre Estados Unidos y México es indispensable, no solamente para los dos países, sino también para el resto de América Latina por lo siguiente:

• *Más pronto de lo que nos imaginamos, Irán conjuntamente con Venezuela, Nicaragua, Cuba y posiblemente Colombia —si las FARC llegan a la presidencia de ese país— enviarán terroristas por millares hacia Estados Unidos, sobre todo si la izquierda logra derrotar a Honduras para instalar un régimen al estilo del nicaragüense.*

• *Las drogas constituyen un serio problema no solamente para Estados Unidos, sino también para México, porque en México existe una auténtica guerra con miles de muertos y por consiguiente conduce a gran inseguridad dentro de su territorio.*

• *Estados Unidos produce las armas que, lamentable-mente, llegan a manos de los narcotraficantes y posterior-mente caerían en manos de los terroristas procedentes de Centroamérica y otros países.*

• *Estados Unidos tiene el mayor consumo de drogas a nivel mundial, esa situación pone a Latinoamérica en alto riesgo por los narcotraficantes.*

• *El tráfico de indocumentados que pasan a lo largo de la frontera es un crimen bien organizado que tienen traficantes aprovechándose de gente inocente que principalmente llegan de Centroamérica y México con el deseo de mejorar sus condiciones económicas.*

Estas inocentes personas son víctimas de estos traficantes, que las abandonan en el desierto donde muchos de ellos mueren. Debido a todas estas circunstancias es IMPERATIVO para América Latina y sobre todo para México, que la muralla se construya a todo lo largo de la frontera lo más pronto posible, sería un error de EE. UU. si no la continuara.

Para los Estados Unidos es también IMPERATIVO construirla, sobre todo para controlar las drogas que les llegan de América Latina y en un futuro próximo los ataques de terroristas que entrarán a Estados Unidos por decenas de miles. También es IMPERATIVO para Estados Unidos construir la muralla para evitar el envío de armas hacia México y otros países latinos.

El plan de los republicanos estadounidenses de construir la muralla tiene un gran sentido de responsabilidad, no solamente con su pueblo, sino también con los pueblos de América Latina por los abusos de miles de traficantes de drogas y bandas de criminales. En la época que gobernó el presidente Carter, la izquierda mundial logró —ante su debilidad y su indiscutible simpatía para con ellos— atacar a los Estados Unidos con las drogas, en proporciones jamás vistas en ese país.

Tenemos que reconocer que los latinoamericanos hemos sido muy críticos respecto a la política de los estadounidenses, por lo general, nos quejamos, con cierta razón, de que nos olvidan con frecuencia, esto ha provocado grandes dificultades en el hemisferio, aunque hay que reconocer que el presidente Ronald Reagan sí le dio gran importancia como lo demostró al no permitir que El Salvador cayera como había caído Nicaragua a pesar de todas las acciones que realizó el presidente Carter cuando gobernó EE. UU., Carlos Andrés Pérez como presidente de Venezuela, José López Portillo presidente de México y la Internacional Socialista; ante todos ellos, la defensa del continente fue encomiable por parte del presidente Reagan.

CAPÍTULO VIII

Los musulmanes izquierdistas

Estados Unidos será atacado de diferentes formas. El señor Geert Wilders, miembro del parlamento de Holanda por el partido para la libertad de Holanda, durante su visita a Estados Unidos, invitado para pronunciar un discurso en el Four Seasons de Nueva York, dijo a los asistentes:

"Dentro de una generación o dos, EE. UU. se habrá de preguntar: ¿Quién perdió a Europa?"

Este discurso tiene también una gran importancia para América Latina por la apertura que gobiernos de izquierda como los de Nicaragua, Venezuela y Cuba, principalmente, les han hecho a los musulmanes de izquierda, con fines de atacar a EE. UU.

He aquí el discurso pronunciado por el señor Wilders para enfrentar la *yihad* en Jerusalén:

He venido a Estados Unidos con una misión. No todo anda bien en el Viejo Mundo.

Existe un tremendo peligro acechando. Es muy difícil ser optimista. Es muy posible que ya estemos transitando las altas etapas de la islamización de Europa.

Esto ya no es solamente un peligro claro y actual para el futuro de Europa en sí, sino una amenaza para América y a la manera de supervivencia de todo el mundo occidental.

79

Estados Unidos es el último bastión de la civilización occidental, enfrentando a una Europa islámica.

En primer lugar, les describiré la situación en tierras de Europa misma, luego les diré algunas cosas sobre el islam y, para concluir, les contaré sobre una reunión realizada en Jerusalén.

La Europa que ustedes conocen está cambiando, probablemente ustedes han visto los hitos.

Pero en todas esas ciudades, a veces a unas pocas cuadras del destino que llevan como turistas, existe otro mundo. Es el mundo de la sociedad paralela que ha creado la migración masiva musulmana.

A través de toda Europa está surgiendo una nueva realidad: barrios enteros de musulmanes donde poquísimas personas nativas residen o ni siquiera son vistas y en el caso de serlo o estarlo, muy posiblemente se arrepientan. Esto se aplica también a la policía.

Es el mundo de las cabezas envueltas en pañuelos, donde las mujeres caminan enfundadas en carpas que deforman sus figuras, empujando cochecitos de bebés y llevando otros niños de la mano. Sus esposos, o si ustedes prefieren sus amos, caminan por delante a unos tres pasos de distancia. Hay mezquitas en prácticamente cada esquina. Los negocios muestran carteles escritos en letras que NO puedo leer.

Por ningún lado podrán ver que se esté desarrollando alguna actividad económica. Estos son los guetos musulmanes controlados por fanáticos religiosos.

Estos son los barrios musulmanes y están surgiendo en todas las ciudades de Europa como si fuesen hongos.

Estos son los bloques de edificios construidos de tal forma que pueden ser territorialmente controlados en grandes proporciones de Europa, calle por calle, barrio por barrio, ciudad por ciudad.

A través de toda Europa hay ahora miles de mezquitas.

Cuentan con congregaciones mucho más grandes de las que tiene cualquier otra iglesia.

En cada ciudad europea ya existen planos para la construcción de súpermezquitas, que no harán sino convertir en pigmeos a todas las otras iglesias de la región.

No cabe duda de que el mensaje es: "Nosotros reinamos".

Muchas ciudades europeas ya tienen una cuarta parte de su población musulmana; tomen como ejemplo Ámsterdam, en Holanda; Marsella, en Francia y Malmo, en Suecia. En muchas de ellas la mayoría de la población menor de 18 años es musulmana.

París está ahora rodeada por un anillo de barrios musulmanes. El nombre más común que se escucha llamar entre los niños en muchas ciudades es: Mohammed.

En algunas de las escuelas primarias de Ámsterdam ya ni se mencionan las granjas, porque de así hacerlo significaría mencionar al cerdo y eso sería un insulto para los musulmanes.

Muchas de las escuelas estatales de Bélgica y Dinamarca sirven solamente alimentos halad a sus alumnos.

En Ámsterdam, que alguna vez fue tolerante, ahora a los gays se les castiga corporalmente de parte de los musulmanes exclusivamente.

Las mujeres que no son musulmanas deben escuchar que se las llame putas. Las antenas satelitales no apuntan hacia las estaciones de televisión, sino hacia las estaciones del país de origen.

En Francia, a los maestros de escuela se les recomienda no introducir autores que se puedan considerar ofensivos para los musulmanes, incluyendo Voltaire y Diderot, lo mismo está sucediendo cada vez con más fuerza respecto de Darwin.

La historia del holocausto ya no se puede enseñar porque los musulmanes se ofenden.

En Inglaterra, los tribunales sharia han pasado a ser parte oficial del sistema legal británico, muchos barrios de Francia son ahora áreas por donde ninguna mujer puede caminar sin cubrirse la cabeza.

La semana pasada un hombre casi muere tras haber recibido una feroz golpiza por parte de musulmanes en Bruselas, porque lo vieron beber durante el Ramadán.

Muchos judíos están huyendo de Francia, en cantidades verdaderamente record, escapando de la peor oleada de antisemitismo jamás vista desde la Segunda Guerra Mundial.

Actualmente es muy frecuente oír hablar francés en las calles de Tel Aviv y Netanya, Israel. Les aseguro que podría seguir relatando historias como estas durante horas y horas. Historias sobre la islamización.

Un total de 54 millones de musulmanes viven ahora en Europa, la Universidad de San Diego ha calculado recientemente que no menos del 25% de la población europea será musulmana en los próximos 12 años a contar de ahora.

Bernard Lewis pronostica que habrá una mayoría musulmana para cuando finalice este siglo.

Pero estas son nada más que cifras y las cifras no serían amenaza si los migrantes musulmanes mostrasen estar dispuestos a integrarse adecuadamente con la sociedad que los acoge. Pero apenas si dan muestras de desear tal cosa.

El Centro de Investigaciones Religiosas informó que la mitad de los musulmanes franceses consideran que su lealtad para con el islam es mucho más importante que su lealtad para con Francia.

Un tercio de los franceses musulmanes no rechazan los ataques suicidas.

El Centro Británico por la Cohesión Social informó que un tercio de los estudiantes británicos musulmanes están a favor de la instauración del califato a nivel mundial.

Los musulmanes exigen lo que ellos llaman respeto y eso es

lo que nosotros les damos respeto, tenemos feriados nacionales musulmanes aprobados que ya se vienen observando en nuestro propio país.

El Fiscal General de nuestro país, que es una Democracia Cristiana, está dispuesto a aceptar la sharia en los Países Bajos si se constata que hay una mayoría musulmana. Ya tenemos miembros del gabinete nacional que poseen pasaportes de Marruecos y Turquía.

Las exigencias musulmanas están siendo apoyadas por comportamientos ilegales que van desde delitos menores y violencia indiscriminada, como por ejemplo la que se aplica contra los conductores de ambulancias y de ómnibus, hasta huelgas y protestas menores.

En París se han registrado hechos de este tipo en los suburbios de menores ingresos, llamados banlieus. Personalmente yo me refiero a estos actores denominados colonizadores, porque eso es lo que son. No vienen para integrarse a nuestra sociedad, vienen para que nuestra sociedad se integre a su Dar el Islam, por lo tanto solo pueden ser calificados como colonizadores.

Mucha de esta violencia callejera que les relato, está dirigida casi exclusivamente contra los NO musulmanes y el objeto es forzar a que mucha gente abandone sus barrios, sus ciudades, sus países.

Es más, los musulmanes están dispuestos a todo para que nadie los ignore.

Lo segundo que ustedes deben conocer es la importancia que tiene el profeta Mohammed, su comportamiento es un claro ejemplo para todos los musulmanes y en modo alguno podrá ser criticado.

Ahora bien, si Mohammed hubiese sido un hombre de paz, digamos como Ghandi y la Madre Teresa, ambos aunados no existiría ningún problema.

Pero resulta ser que Mohammed fue un jefe guerrero,

asesino de masas, pedófilo, que tuvo muchas esposas, todas al mismo tiempo.

La tradición islámica nos relata cómo peleaba en las batallas, de qué manera asesinaba a sus enemigos o ejecutaba a sus prisioneros de guerra.

Fue Mohammed en persona quien ejecutó a la tribu judía de Banu Qurayza. Su pensamiento es que si es bueno para el islam, está todo bien y si es malo para el islam todo está mal.

No se dejen engañar con eso de que el islam es una religión. Seguro de que tienen un Dios y también un después de 72 vírgenes. Pero en su esencia el islamismo es una ideología apolítica.

Es un sistema que fija reglas detalladas para la sociedad y la vida de cada individuo. El islamismo pretende dictar leyes que afectan todos los aspectos de nuestras vidas: islamismo significa sumisión total.

El islamismo solo es compatible con la izquierda porque no es compatible con la libertad y la democracia. Para el musulmán su meta es la sharia.

Si ustedes quieren comparar el islamismo con cualquier cosa, compárenlo con los izquierdistas porque son todas ideologías totalitarias.

Ahora ustedes ya saben por qué cuando Winston Churchill hablaba del islam, se refería a ellos como la fuerza más retrógrada en el mundo y por qué comparaba el famoso libro Mein Kampf con el Corán.

El público, en general, ha aceptado de buen grado la narrativa Palestina y se ve a Israel como el agresor. Yo personalmente he vivido en ese país y lo he visitado docenas de veces. Apoyo a Israel.

En primer lugar porque representa la tierra madre de los judíos tras dos mil años de exilio y, en segundo lugar, porque es una democracia y, en tercer lugar, porque Israel constituye nuestra primera línea de defensa.

Este pequeño país situado sobre la línea divisoria de la yihad, frustra el avance territorial del islam. Israel está enfrentando las líneas de avance de la yijad, como Kashmir, Kosovo, Las Filipinas en el sur de Tailandia, Darfur en Sudán, Líbano y Aceh en Indonesia. Para el islam simplemente Israel se les mete en su camino. Igual a lo que sucedió con Berlín Occidental durante la guerra fría.

La guerra contra Israel no es una guerra contra Israel, es la guerra contra Occidente. Es una yihad, es muy simple Israel es quien está recibiendo los golpes que en realidad están dirigidos a todos nosotros.

De no haber existido Israel, el imperialismo islámico habría encontrado otros a quien inculpar y contra los cuales descargar todas sus energías y deseos de conquista. Gracias a los padres israelitas que envían a sus hijos al ejército y permanecen despiertos por las noches.

Padres que están en Europa y en América pueden dormir bien y sonar sirenas sin sentir el peligro que los acecha.

Son muchos los que en Europa sostienen que habría que abandonar Israel para poder repeler los agravios que recibimos de parte de las minorías musulmanas.

Dios no permita que si Israel cayese no le traerá al mundo Occidental ningún consuelo o paz, ni tampoco significaría que nuestras minorías musulmanas modificarían repentinamente su comportamiento o que aceptarían nuestros valores.

Muy por el contrario, si Israel dejase de existir, haría que las fuerzas del islam se fortalecieran enormemente.

La desaparición de Israel se verá que no sería otra cosa que la prueba irrefutable de que el mundo occidental es débil y está condenado.

El fin de Israel no significaría el fin de nuestros problemas con el islamismo, sino apenas el comienzo. Significaría el comienzo de la batalla final por el dominio del mundo.

Si pueden conquistar Israel, podrían conquistar el resto del mundo.

Muchos mal llamados periodistas de izquierda, por supuesto, se animan a calificar cualquier crítica del islamismo como que proviene de racistas o extremistas de la más rancia derecha.

En mi país, Holanda, el 60 por ciento de la población ahora considera que la inmigración masiva de musulmanes representa la política más equivocada que se haya instaurado desde la Segunda Guerra Mundial.

El otro 40 por ciento de la población considera que el islam es la más importante amenaza que enfrentamos.

Existe un peligro mucho más grande aún, los ataques terroristas continuarán en los EE. UU., como último pueblo en pie. Podría ser que las luces de Europa se apaguen mucho antes de lo que nos podamos imaginar.

Una Europa islámica significaría una Europa sin libertad y sin democracia, un territorio desierto económicamente, una pesadilla intelectual y la pérdida del poder militar para América por cuanto sus aliados se convertirían en enemigos, enemigos con bombas atómicas.

Con una Europa islámica solo nos quedaría EE. UU. para preservar la herencia de Roma, Atenas y Jerusalén. Estimados amigos, la libertad es el más preciado bien que se nos ha legado.

Mi generación nunca tuvo que pelear por su libertad, nos fue ofrecida en bandeja de plata por gente que peleó por ella y ofrendó su vida.

En toda Europa los cementerios americanos nos recuerdan a los jóvenes soldados que no pudieron volver a sus hogares y a quienes siempre recordamos muy agradecidos.

Mi generación no es la dueña de esta libertad, apenas si

somos sus custodios. Tan solo podemos traspasarles esta libertad ganada con mucho sacrificio a los niños de Europa de la misma manera que nos fuera entregada a nosotros.

No podemos tranzar con mullahs e imanes. Las generaciones futuras jamás nos lo perdonarían.

En modo alguno podemos despilfarrar nuestras libertades, simplemente no tenemos ningún derecho de hacerlo.

Debemos tomar ahora mismo las decisiones necesarias para frenar esta estupidez islámica que pretende destruir este mundo libre que tenemos ahora.

Les ruego a todos ustedes que se tomen unos minutos para leer todo esto que he escrito y también les ruego lo hagan llegar a todos sus conocidos, porque es tan, pero tan, ¡importante!

Muchas Gracias.

Hasta aquí el discurso del señor Geert Wilders miembro del Parlamento de Holanda.

La situación mundial es muy grave porque la organización más grande del mundo que es la izquierda, conjuntamente con los grupos de izquierda islámicos, saben que pueden conquistar poco a poco los países que más les interese para destruir el sistema capitalista, la democracia y, por consiguiente, su principal objetivo que es Estados Unidos.

Los tentáculos de los musulmanes izquierdistas ya están en América Latina entrenándose para preparar los ataques terroristas; hoy tenemos los flamantes presidentes de Venezuela Nicolás Maduro, seguidor de Chávez, y Daniel Ortega de Nicaragua, completamente unidos con los musulmanes de izquierda para destruir el sistema capitalista y por supuesto a los estadounidenses.

Si Colombia cae con el juego de la "paz" que astutamente la izquierda mundial —con el figureo del presidente Santos— los quiere llevar a feliz término para que formen un partido político que conquistará la presidencia; ese país será una de las grandes aportaciones que el terrorismo mundial tendrá a su favor para atacar a los EE. UU. y al resto del mundo.

El mundo olvida con rapidez que los estadounidenses no siguieron una investigación seria cuando varios musulmanes izquierdistas con pasaporte nicaragüense —durante la época de la presidencia de doña Violeta de Chamorro, el 26 de febrero de 1993— hicieron estallar una furgoneta-bomba en el aparcamiento subterráneo del World Trade Center, en Nueva York; según los servicios secretos de EE. UU. este fue el primer gran atentado de la red de Osama Bin Laden.

Muchos nos preguntamos qué hubiese pasado si el servicio secreto de EE. UU. hubiera realizado una investigación profunda del porqué los sandinistas les habían entregado pasaportes nicaragüenses a esos terroristas musulmanes que iban a atacar a los Estados Unidos, a lo mejor no hubieran logrado derrumbar las torres del World Trade Center y los demás actos de terrorismo que hicieron ese horrible 11 de septiembre que jamás podrá ser olvidado por el mundo.

Todas estas situaciones hacen imprescindible que EE. UU. proteja sus fronteras, aeropuertos, etc., al máximo, pues son millones de izquierdistas en el mundo que están buscando su destrucción, por consiguiente, la construcción del muro entre la frontera de México con Estados Unidos es indispensable.

Los EE. UU. tienen que estar conscientes de que la izquierda, conjuntamente con los musulmanes de izquierda, lograrán conquistar a Honduras para conseguir entre Nicaragua, El Salvador, Cuba y Venezuela, principalmente, enviarles miles de terroristas.

Los terroristas atacan individualmente a grandes grupos con el objeto de causar el mayor daño posible; si logran introducir miles de millones de toneladas de drogas —que es más fácil de controlar que a un ser humano— con más razón es más sencillo introducir a miles de personas entrenadas para causar terrorismo en el suelo americano.

El sueño de Fidel Castro, de los sandinistas, del ya fallecido Hugo Chávez, los iraníes, españoles de izquierda y la izquierda mundial es destruir a los Estados Unidos y, por consiguiente, al sistema capitalista.

La izquierda musulmana es peligrosísima

El peligro más serio que tiene Europa hoy son los musulmanes de izquierda, que han llegado por millones a varios países del viejo continente, los nazis mataron a más de seis millones de judíos, hoy Europa tiene más de veinte millones de musulmanes, muchos de ellos de izquierda, los judíos no representaban ningún obstáculo, simplemente han sido siempre un pueblo trabajador que ha dado a la humanidad más de un centenar de "premios Nobel" (129).

El ser humano lamentablemente está olvidando que en su superación está su bienestar familiar, el bienestar de la nación y no en dejarse llevar por izquierdistas que pretenden cambiar tradiciones, religión, etc., por tontos útiles, que se unen al desorden que provocan para lograr la corrupción y el control del país.

La población islámica global es aproximadamente de 1200 millones, es decir, 20% de la población mundial, si a los musulmanes de izquierda los dejamos seguir avanzando con sus propósitos malignos, unidos a la izquierda mundial, más pronto de lo que pensamos estaremos presos dentro de un mundo caótico, un mundo sin esperanzas, sin ilusiones y combatiendo ferozmente a los principios que Dios nos ha establecido para nuestra felicidad.

Recientemente Noruega le prohibió a Arabia Saudita

financiar mezquitas, mientras no permitan construir iglesias en su país, ninguna mezquita más se podrá construir en Noruega, qué gran lección para el mundo. ¡Qué noticia más fenomenal! Así debería responder el mundo democrático y no con la pasividad que hoy aceptan las presiones y agresiones por el pánico que los políticos le tienen a las izquierdas.

Si analizamos la posición de Noruega vemos que han dado una lección al resto de los países europeos y del mundo para que también se salven de la agresión que los musulmanes de izquierda están ejerciendo en algunos países; ojalá que con prontitud los demás países sigan el ejemplo heroico del pueblo noruego.

Los seres malos del mundo

Los únicos seres malignos en el mundo que lavan el cerebro de los niños para convertirlos en terroristas y, por consiguiente, en seres peligrosos, son los izquierdistas, son los que destruyen iglesias, monarquías, el trabajo y la dignidad del ser humano.

La izquierda solamente predica veneno contra el sistema capitalista y contra los estadounidenses, sin embargo nunca llegan a autoexaminarse preguntándose qué cosa buena han producido ellos para el mundo, en realidad solo tragedias, llantos, miseria, etc.

Lo trágico de la situación mundial es que la izquierda se presenta como víctima del capitalismo y de los estadounidenses y se creen con derecho a realizar cualquier acto, no importa el daño que hagan a la humanidad, ellos siempre tendrán el respaldo de los medios de comunicación de izquierda y su posición de víctimas los favorece.

Jamás la izquierda se ha preguntado qué podrían hacer

por la humanidad, su satisfacción está en concebir el mal, pero jamás el bien, los ejemplos en cualquier país del mundo sobran, si los árabes de izquierda, por ejemplo, no tuvieran armas, no habría más violencia en ese convulsionado mundo, sin embargo, si Israel depusiera sus armas, los musulmanes de izquierda lo habrían desaparecido.

La izquierda, por supuesto, niega las barbaridades cometidas a través de la historia del mundo, son tan cínicos que llegan a tergiversar todo lo malo que han hecho para culpar al capitalismo y a los estadounidenses como responsables de sus hechos.

La izquierda ha asesinado a más de 40 millones entre rusos, lituanos, polacos, etc., más de 6 millones de judíos, 10 millones de cristianos, más de 1900 sacerdotes católicos que se pudieron registrar durante la época de los rojos en España, miles de cubanos, nicaragüenses, mexicanos, etc. Les aseguro que los izquierdistas no tardarán en hacer creer que el ataque a las "Torres Gemelas" en Nueva York no fue realizado por ellos, que fue más bien una autoprovocación de la derecha.

El propio presidente Georg W. Bush fue atacado ferozmente por la izquierda mundial porque no dejó que siguieran los ataques terroristas en suelo americano, el expresidente de España, José María Aznar, en muchas ocasiones se ha referido a que la historia le tendrá que reconocer al presidente Bush su determinación a defender el suelo estadounidense.

En realidad venimos cambiando el progreso que se ha logrado en muchísimas décadas por nuestros ancestros y por nosotros mismos, para darle paso a la izquierda mundial, llámense estos socialistas o con cualquier otro nombre, cuya única estrategia es acabar los logros realizados dentro del sistema capitalista, su fanatismo los lleva a educar a la niñez desde el principio de sus vidas con odio al capitalismo y a los estadounidenses.

Si tomamos en cuenta que la organización más grande del mundo es la izquierda y observamos cómo respaldan las acciones de los musulmanes izquierdistas —así como la de cualquier terrorista—, veremos que el peligro es inminente para los que no profesamos su doctrina, debido en gran parte a la tolerancia que dentro de una democracia abusada, ultrajada donde se les deja actuar ampliamente; produce escalofríos imaginar un mundo dominado por la izquierda, pero lamentablemente vamos en esa dirección.

Es nuestro deber que nuestros hijos y las siguientes generaciones conozcan cómo la izquierda asesinó, entre la URSS y sus países satélites, más de 40 millones de personas, otros 20 han sido asesinados en varios otros países como ocurrió en España en la época de los rojos españoles donde asesinaron, además, a miles de sacerdotes católicos y quemaron iglesias. Tenemos a Cuba con decenas de miles de asesinados (y aproximadamente 2.5 millones de emigrados), Nicaragua con más de 20 mil y más de un millón de exiliados, y así sucesivamente en todos los lugares controlados por la izquierda.

La derecha no practica el lavado de cerebro que hace la izquierda en las escuelas públicas, tampoco secuestran o ponen bombas sin importarles a cuántas personas inocentes asesinan, los izquierdistas en vez de trabajar las 24 horas para hacer el mal, deberían estudiar para convertirse en hombres productivos, hombres de paz, hombres de amor, deberían de tratar de hacer cosas productivas para la humanidad.

Si los países controlados por la izquierda suprimieran sus ejércitos e invirtieran esos millones de dólares en educación y salud para sus pueblos, se acabaría el miedo de la población, no habría tiranos y se convertirían en países con leyes justas y con crecimiento económico sostenible.

CAPÍTULO IX

Los petrodólares de la izquierda se invierten para destruir la democracia

El izquierdista Hugo Chávez, comandante heredero de Fidel Castro, demostró cómo llenar de millones de dólares a países con gobiernos de izquierda y cómo lograr convencerlos de seguir las directrices del gran tirano Fidel Castro en su lucha contra el capital y los estadounidenses. Por suerte para el mundo, ya falleció, aunque sigue en su lugar Nicolás Maduro, fiel seguidor de su maestro Hugo Chávez,

La izquierda mundial, que es la organización más grande de nuestro planeta, está dispuesta a acabar con el sistema capitalista, cuésteles lo que les cueste, controlan casi todos los petrodólares a nivel mundial; se asocian con terroristas musulmanes, etarras, sandinistas, FARC, etc., lo importante es extender sus malignos propósitos para instalar regímenes tiránicos con pueblos sumisos.

Si Colombia cae en la trampa de la paz con las FARC, tendremos otro país con grandes recursos humanos y de capital que será gobernado por terroristas para atacar a EE. UU. y a quienes se opongan a los regímenes de izquierda.

El 30 de noviembre de 2010 *El Nuevo Herald*, en primera plana y a grandes titulares, informó:

Al menos siete etarras en el gobierno de Venezuela

El exministro y exembajador de Venezuela en Naciones Unidas, Diego Arria, testificó ante un juez español que hasta siete presuntos miembros del grupo separatista vasco ETA estarían ocupando cargos dentro del gobierno de Hugo Chávez".

El testimonio forma parte de la investigación realizada por el magistrado de la Audiencia Nacional, Eloy Velasco, sobre la presunta alianza entre la ETA y las Fuerzas Armadas Revolucionarias de Colombia (FARC) bajo el supuesto amparo de Chávez.

El mandatario venezolano ha negado en reiteradas ocasiones la presunta relación, pero Arria señaló que varios de los integrantes del grupo separatista trabajan actualmente dentro del gobierno de Chávez.

En otro de los párrafos escritos por *El Nuevo Herald* informó que casi todos los etarras trabajan dentro del Instituto Nacional de Tierras (INTI), organismo que ha estado a cargo de realizar las expropiaciones de tierras en el país petrolero.

También informó *El Nuevo Herald* en su artículo:

Otros dos etarras detenidos en España en octubre, Javier Atristain y Juan Carlos Besance, declararon haber recibido adiestramiento en tiro, codificación de mensajes y ensamblaje de armas de fuego en Venezuela.

Arria también manifestó su extrañeza por el hecho de que al gobierno de España no le haya llamado la atención que la mayor cantidad de víctimas sean ciudadanos españoles residentes en Venezuela.

Hasta aquí la publicación de *El Nuevo Herald.*

Desde que Nicaragua fue entregada por el presidente Jimmy Carter, en 1979, viven en Managua varios etarras con la protección de los sandinistas y naturalmente son intocables, es más, les dan dinero para que formen sus negocios y se integren a la sociedad nicaragüense.

Durante la década del ochenta, cuando los sandinistas tenían todos los poderes, incluyendo la presidencia, dieron entrenamiento en las montañas de Nicaragua a los terroristas de las FARC de Colombia y el FMLN de El Salvador.

Esa fue una de las razones por la cual el presidente Ronald Reagan se vio obligado a respaldar a la contrarrevolución en Nicaragua para destruir el sandinismo que conjuntamente con la izquierda mundial, respaldada en ese entonces por los socialistas Carlos Andrés Pérez de Venezuela y López Portillo presidente de México, principalmente, querían también la destrucción de El Salvador.

Lamentablemente, cuando los sandinistas pierden la elección forzada por la contrarrevolución, doña Violeta Chamorro, seleccionada como candidata de unión, favoreció a los sandinistas al dejarles su ejército a pesar de que tenía el respaldo de EE. UU. y de la Unión Europea para que los licenciara. Entre los errores de doña Violeta está haberle aceptado que se quedaran con todo lo robado, esto los fortaleció económicamente, además no hizo justicia, ya que se esperaba que firmara un decreto regresando las propiedades a sus legítimos dueños.

Como no devolvió las legítimas propiedades a sus dueños , les ofreció bonos del estado que en la mayoría de los casos no cubrían el valor de las confiscaciones. Al fortalecerlos con las Fuerzas Armadas y con lo robado, doña Violeta los dejó con capacidad de controlar el país y mantenerlo secuestrado por varias décadas; ya en 2013 Nicaragua lleva 34 años en manos de sus secuestradores.

Aunque después de finalizar el término de la presidencia de doña Violeta, los sandinistas, durante dos periodos más, no pudieron alcanzar la presidencia; sin embargo todos los demás poderes los tenían, por consiguiente, los presidentes de turno nunca pudieron hacer ninguna reforma que le permitiera al país salirse de sus secuestradores y menos crear la confianza necesaria para el desarrollo del mismo, muchos de ellos entraron en actos de corrupción que los sandinistas aprovecharon para sacar ventajas de los miembros de los gobiernos de doña Violeta y del Dr. Arnoldo Alemán.

Este gran error histórico de la expresidenta de Nicaragua permitirá que Nicaragua se mantenga gobernada por tiranos por muchas décadas y que el pueblo sufra miseria e injusticias y continuará, según las últimas informaciones, siendo el país más pobre del continente americano, es decir, "superó" a Haití (2012) y ahora pasa a ser el segundo país más pobre de la región.

Qué ironías las de la vida, doña Violeta odiaba a los Somoza por dictadores y, sin embargo, logró la estabilización y permanencia por décadas de los tiranos de izquierda, que son lacras humanas peores que la dictadura de la familia Somoza. Los terroristas forman parte de cualquier grupo de izquierda y saben que muchos medios de comunicación los respaldan directamente o bien solapadamente.

Si la táctica de la democracia no cambia en el sentido de que evita atacarlos en sus propios refugios por miedo a la prensa de izquierda y de los derechos humanos; más pronto de lo que pensamos serán muchos los países que no servirán en el mundo y poco a poco irán cayendo los que aún disfrutan de libertades, esto ya lo podemos vislumbrar en Colombia con la paz que astutamente está logrando la izquierda mundial.

El mundo tiene que llegar a comprender que las estrategias, las políticas, el cinismo, el terrorismo, etc., utilizado por la izquierda son dañinas para la humanidad. Lamentablemente, no hay izquierda buena y mientras eso

96

no se tenga presente en la comunidad mundial, no se les combatirá, se les seguirá permitiendo sus abusos y, poco a poco, seremos miserablemente destruidos.

Veamos el ejemplo de los musulmanes de izquierda que se están apoderando de Europa.

Los que creemos en la libertad y en la democracia, como factores importantes para la paz y el progreso, debemos apoyarnos como lo hace la izquierda, ellos aun sin conocerse, sin hablar el mismo idioma se envían dinero, armas, seres humanos, etc., la cooperación entre ellos es impresionante.

El *Diario Las Américas* el 31 de marzo 2011 publicó:

Asesor de Ortega representante de Gadafi ante la ONU

El régimen libio de Muamar Gadafi designó al asesor del presidente Daniel Ortega y expresidente de la Asamblea General de la ONU, Miguel d'Escoto como su representante ante la ONU, informó el gobierno sandinista.

La portavoz del gobierno sandinista Rosario Murillo — supuesta primera dama de Nicaragua— lo indicó en un comunicado dirigido al secretario general de la ONU, Ban Ki-Moon por Musa Emhemed Koussa, secretario del Comité Popular Internacional de Libia, el nombramiento dice así:

El comité Popular General de Enlace Exterior y Cooperación Internacional comunica a vuestra excelencia que la Jamahiria ha decidido nombrar a Miguel d'Escoto Brockman, exministro del Exterior de Nicaragua, como su representante en las Naciones Unidas y está autorizado para hablar en su nombre ante los órganos del Sistema de Naciones Unidas, según misiva cuya copia fue divulgada por el gobierno Sandinista.

Hasta aquí algunos de los párrafos publicados por el *Diario Las Américas*.

Como se puede apreciar, esta designación es increíble,

pues ni siquiera hablan el mismo idioma; el mundo con valores y principios está horrorizado del coronel Gadafi, conocido por sus acciones terroristas y porque está masacrando a su propio pueblo, sin embargo, tiene unos aliados de su misma calaña: los sandinistas en Nicaragua.

Bendito sea Dios, revés de d'Escoto en la ONU. El 2 de abril de 2011 el *Diario Las Américas* publicó:

Excanciller sandinista y representante de Libia en la ONU en un limbo diplomático

Quien nombró a d'Escoto como representante de Libia ante la ONU, se había asilado y renunciado al gobierno de Gadafi, consecuentemente su nombramiento no tiene validez en la ONU.

Los que estamos en contra de las izquierdas debemos construir —entre todos— una organización con expresidentes de prestigio que se distinguieron por su lucha contra la izquierda como José María Aznar de España, Álvaro Uribe de Colombia, Roberto Micheletti de Honduras y Vicente Fox de México. Esta organización deberá ser capaz de defender nuestros derechos.

Además de los expresidentes de prestigio mundial, debemos tratar de que el premio Nobel de Literatura, Mario Vargas Llosa, se integre, él ya está haciendo un gran bien a la humanidad al luchar contra la izquierda. De igual forma el prestigioso periodista que siempre ha defendido la democracia Carlos Alberto Montaner y algunos otros que también se han distinguido combatiendo la izquierda, deben ser miembros permanentes de la organización.

El centro de operaciones podría estar posiblemente en Miami donde deberemos tener una amplia oficina con varios periodistas, secretarias, ejecutivos, etc., que se encarguen de manejarla, bajo la dirección de los expresidentes y una pequeña directiva compuesta por personas intachables y fieles combatientes contra las izquierdas.

La organización deberá tener los fondos necesarios para atender los gastos de los expresidentes, con sus viajes, así como de los periodistas y personajes importantes. También deberá estar lista a contratar, cuando fuese necesario, espacios de TV, radio, prensa, etc., para defender a nuestros líderes cuando en un determinado país estén siendo atacados por la izquierda, o bien un gobierno democrático sea atacado por las izquierdas.

En cada país deberemos tener un representante que trabaje directamente para la organización con el objeto de que se mantenga en comunicación constante y nos ayude a detectar cualquier ataque contra la iglesia o la democracia. Ningún ataque más a nuestros líderes de la democracia o bien a gobiernos democráticos se deberá permitir, la izquierda nos encontrará combatiéndolos en todos los terrenos menos con actos criminales y corruptos.

Debemos conocer y estar conscientes de que la esencia de la izquierda es la expansión, ellos están alertas las 24 horas para lograr sus propósitos, no importa de qué país, lengua o religión sean, lo importante es su expansión. Comprendamos que la izquierda no descansará en sus ataques para aquellos líderes que han defendido sus países, solo para poner el ejemplo del expresidente Uribe.

Álvaro Uribe, a pesar de considerarse el mejor presidente de América Latina en su época, por su combate a los grupos izquierdistas y a los carteles de las drogas que han causado tanto dolor y sufrimientos en Colombia, es constantemente atacado por los grupos de izquierda, sean españoles, estadounidenses o bien latinoamericanos.

El 4 de enero de 2011 *El Nuevo Herald* publicó en primera plana:

Abogado pide respetar inmunidad del expresidente Uribe
Quieren forzar al presidente Uribe a declarar en un caso civil en EE. UU. relacionado contra una demanda puesta contra la empresa americana Drummond Company, Inc., que opera un inmenso yacimiento de carbón al norte de Colombia.

Los demandantes quieren que el expresidente declare que esa compañía — con el conocimiento del expresidente — asesinó a cientos de campesinos colombianos, con el objeto de evitar el avance de la guerrilla de las FARC.

A pesar de que Álvaro Uribe fue el mejor aliado de los EE. UU. en su lucha contra el narcotráfico y el terrorismo, lo quieren enredar dentro de un juicio que no tiene sentido, solo lograr publicidad en favor de las izquierdas del mundo y desprestigiar al gran expresidente Uribe.

Si una causa como esa progresara en EE. UU., se deberán enviar a juicio a casi todos los presidentes de EE. UU., que de una forma u otra tuvieron que defender su país al igual que lo hizo el presidente Uribe.

El Nuevo Herald, publicado el viernes 20 de julio de 2012, informa:

Israel: *Chávez ayuda a Irán a construir bomba nuclear*
(Por Antonio María Delgado)
Venezuela juega un papel cada vez más importante en las aspiraciones iraníes de construir una bomba nuclear, ayudándolo a evadir las sanciones internacionales, conseguir tecnología militar y maniobrando a su favor en el campo diplomático, indicó el ministerio de Relaciones Exteriores de Israel.

En declaraciones brindadas por escrito a *El Nuevo Herald*, el portavoz de la cancillería israelí, Yigal Palmor, comentó sobre la cada vez mayor interacción entre el régimen de Mahmud Ahmadineyad y el de Hugo Chávez en Caracas, señalando que la relación se está convirtiendo en una crucial alianza para Teherán.

Palmor dejó en claro que hasta el momento no hay evidencia de que Chávez esté financiando directamente el programa nuclear iraní.

Pero el oxígeno económico que Venezuela brinda a la economía iraní (al ayudarle a evitar las sanciones internacionales), especialmente a través de su asistencia a los sensibles sectores petroquímicos y de armamentos, sumado a un infatigable respaldo político en la arena internacional, permite que Irán pueda concentrar sus recursos y esfuerzos en el proyecto nuclear. Todo forma parte de un gran objetivo, expresó Palmor.

La complacencia de Venezuela es esencial para darle a Irán el espacio de maniobra que necesita para avanzar con su programa militar nuclear, que ha sido denunciado internacionalmente, añadió.

Los comentarios de Palmor extienden las declaraciones brindadas previamente por el ministro de Relaciones Exteriores, Avigdor Lieberman, quien admitió que cada vez había más razones para sospechar que Venezuela está ayudando a Irán en su programa nuclear.

Durante una conversación que sostuvo con el vicepresidente de Costa Rica, Alfio Piva, Lieberman sugirió que Venezuela probablemente estaba brindando la ayuda a cambio de la promesa de que los avances tecnológicos serían utilizados para el beneficio de ambos países.

El columnista Uri Dromi, quien sigue de cerca los temas de defensa concernientes a Israel, coincidió en que la ayuda venezolana se ha convertido en invaluable para las aspiraciones *nucleares iraníes. Al ayudarle a evadir las sanciones, Venezuela está ayudando a Irán a continuar con su programa nuclear, comentó Dromi en una entrevista telefónica.*

Estados Unidos y la Unión Europea han impuesto una serie de sanciones económicas contra el país islámico para obligarlo a que les permita monitorear el programa iraní, ante el temor de que sea usado para desarrollar armas de destrucción masiva, un planteamiento que es rechazado por Teherán.

La mayor parte de las sanciones pretende cerrarle el acceso a los mercados internacionales de petróleo a Teherán e incluye prohibiciones a bancos y otros integrantes del sistema financiero internacional para que no se involucren en las operaciones de compra y venta de crudo iraní.

Otras sanciones también están dirigidas al Banco Central Iraní, al tiempo que la Unión Europea decretó un embargo al crudo de ese país.

Dromi agregó que Irán no solo está recibiendo ayuda material de Venezuela, sino que el país sudamericano está jugando un papel esencial en sus esfuerzos por conseguir respaldo en el terreno diplomático.

La situación de Irán nunca antes había sido tan sombría. Las sanciones le están golpeando [...]. Y ahora, con la caída de Siria, un importante aliado, ellos tienen más necesidad que nunca de contar con amigos en otros lugares, sostuvo Dromi.

Y Venezuela se ha convertido en uno de los mejores, señaló Palmor.

La relación entre Irán y Venezuela se ha vuelto tan "amplia y tan profunda como la relación entre dos aliados estratégicos puede llegar a ser". Más de 150 diplomáticos iraníes están acreditados en Caracas, número que es inmensamente desproporcionado y que demuestra la "inusual" presencia e injerencia del país islámico en el sudamericano, explicó.

El tamaño de ese cuerpo diplomático también sugiere

una voluminosa presencia de agentes de inteligencia, que han convertido al país bolivariano en un importante centro de operaciones, agregó.

Es una alianza estratégica que permite al régimen de Teherán "extender sus unidades militares" a América Latina, lo cual significa que "puede ejecutar ataques terroristas" mucho más allá de su esfera geográfica, señaló.

Chávez, un ardiente defensor del programa nuclear iraní, ha revelado que su país está construyendo aviones no tripulados para Teherán, al tiempo que ingenieros iraníes han estado supervisando este y otros proyectos militares venezolanos.

Venezuela también ha suministrado recientemente a Irán un número desconocido de aviones de combate F-16 con el propósito de entrenamiento y de calibración de radar, comentó Palmor.

Adicionalmente, Irán ha establecido fábricas para la elaboración de productos petroquímicos y municiones de armas pequeñas en Venezuela, y ha abierto en ese país sucursales bancarias y compañías de transporte que usa para evadir las sanciones internacionales, agregó.

También le permite a Irán obtener la tecnología y los conocimientos que necesita, y que de otra manera le sería imposible conseguir debido a las sanciones impuestas por la Organización de Naciones Unidas, y evadir las sanciones económicas impuestas en su contra por la ONU, la Unión Europea y Europa.

Palmor señaló que las aspiraciones iraníes de desarrollar una bomba atómica y la decisión de Teherán de perpetrar ataques terroristas alrededor del mundo para alcanzar sus objetivos son de gran preocupación para Israel, y deberían también serlo para el resto del mundo.

El régimen Ayatolá iraní ha introducido en el Medio Oriente moderno el concepto de los ataques dinamiteros suicidas.

Bajo el concepto teológico extremista, el suicidio es bendecido y recompensado por Dios si consiste en matar soldados o civiles enemigos, comentó el portavoz.

¿Puede desalentarse a la gente que se adhiere a la glorificación del suicidio? Esa es la razón por la que es esencial evitar que Irán obtenga armas nucleares y la razón por la que la asistencia que Venezuela está brindado al régimen ayatolá es despreciablemente irresponsable, expresó.

Siga a Antonio María Delgado en
Twitter: @DelgadoAntonioM

CAPÍTULO X

Las consecuencias de la izquierda en Argentina

Argentina, a principios del pasado siglo, era considerada una de las grandes potencias mundiales, sus graneros, ganado, cultura, etc., la hacían uno de los mejores países latinoamericanos. Sin embargo, después que el izquierdista Juan Domingo Perón tomó el poder en Argentina —a mediados del siglo XX— la pobre Argentina no ha podido volver a consolidar su imagen y menos su poder.

El famoso y excelente escritor Mario Vargas Llosa, el 30 de octubre de 2010 en Madrid comentó lo siguiente:

> *Argentina es un país que era democrático cuando tres partes de Europa no lo eran, un país que era uno de los más prósperos de la tierra cuando América Latina era un continente de hambrientos, de atrasados.*
>
> *El primer país del mundo que acabó con el analfabetismo no fue Estados Unidos, no fue Francia; fue Argentina con un sistema educativo que era un ejemplo para todo el mundo. Ese país, era un país de vanguardia*
>
> *¿Cómo puede ser que sea el país empobrecido, caótico, subdesarrollado que es hoy?*

¿Qué pasó? ¿Alguien los invadió? ¿Estuvieron enfrascados en alguna guerra terrible?

No, los argentinos se autodestruyeron con el socialismo. Los argentinos eligieron a lo largo de medio siglo las peores opciones.

Eso es. El peronismo es elegir el error, es el partido de los resentidos más aberrantes, llenos de odio, de rencores viscerales, fascistas, enfermos de rabia inexplicablemente hacia todo lo bueno que sea diferente a su manera radical y fanática de ver las cosas, son por lo general incultos, ignorantes, mediocres de mediocres. El peronismo es perseverar en el error, pensar de manera masoquista, enfermiza, en las catástrofes que se le han ido sucediendo en la historia moderna del país.

¿Cómo se entiende eso? Un país con gente culta, abso-lutamente privilegiado, una minoría de habitantes en un enorme territorio que concenta todos los recursos naturales. ¿Por qué no es el primer país de la Tierra? ¿Por qué no tienen el mismo nivel de vida de Suecia o Suiza?

Porque los argentinos no han querido. Han querido en cambio ser pobres. Seguir a "caudillos" de pacotilla, "salvadores" de porquería, locos, desquiciados por su mismo odio a todo lo que sea diferente a su locura.

Han querido vivir bajo dictaduras, han querido vivir dentro del mercantilismo más espantoso. Hay en esto una responsabilidad del pueblo argentino.

Para mí es espantoso lo que ha ocurrido en Argentina. La primera vez que fui allí quedé maravillado. Un país de clase media, donde no había pobres en el sentido latinoamericano de la pobreza.

¿Cómo pudo llegar a la presidencia una pareja tan diabólica,

manipuladora, populistas en grado extremo, corruptos de calle, como los Kirchner gobernando ese país? Al menos ya uno no está. Esperamos que la que queda no pueda seguir hundiendo a ese otrora gran país argentino.

Sin embargo, a juzgar por sus diabólicas relaciones estrechísimas con el desquiciado, paria, bestia troglodita, de la extinta y queridísima República de Venezuela, todo parece indicar que ahora "Cristina" se apegará aún más a esa escoria, aprendiz de dictadorzuelo, quien ya bastante le ha financiado su mandato a costa de los dineros del noble, pero incomprensible inerte pueblo venezolano. ¡Qué desgracia política, qué degradación intelectual! ¡¡¡Argentina y Venezuela, dos países extraordinarios vueltos pedazos por una sarta de demoniacos desquiciados!!!

Por eso me pregunto ¿cómo es posible?

—Mario Vargas Llosa,
Madrid, 30 de octubre de 2010.

Esta formidable información que nos brinda el famoso escritor Mario Vargas Llosa, hombre preocupado por la destrucción que realiza la izquierda, es un grito hacia el mundo que está siendo gobernado cada día más por tiranos que consiguen llegar al poder mediante promesas de abundancia para los pobres que nunca les llega, lo que llamamos el populismo mediante el cual consiguen el voto de los pobres con apariencia "democrática", pero que rompen los principios sagrados de la constitución, engañando a sus pueblos una vez que toman el poder.

Las organizaciones como la OEA exigen el respeto a los gobiernos electos por el pueblo, sin embargo, cuando estos se convierten en tiranos y han irrespetado la constitución de su país, se hacen de la vista gorda; pero hay del momento en que se toque a un izquierdista, de inmediato salen a defenderlo.

CAPÍTULO XI

Países secuestrados

Para mencionar únicamente a América Latina, nos encontramos que en adición a los dos países que ya llevan muchas décadas de secuestro, como Cuba con más de 54 y Nicaragua con más de 34 años (2013), recientemente tenemos a Venezuela y aunque en Bolivia y Ecuador faltan algunos desastres para estar en el verdadero socialismo, están cada día acercándose más a conseguirlo, pronto caerá también Colombia y Honduras, dos países claves para el desarrollo del terrorismo contra EE. UU.

El gran problema de estos países secuestrados es que en todos ellos gobiernan tiranos, gracias a que lograron formar sus propios ejércitos como han sido los casos de Cuba y Nicaragua, donde gobernarán a su antojo por muchísimas décadas más. Otros países donde no han podido eliminar por completo las Fuerzas Armadas, para construir las suyas propias, han logrado eliminar de los mandos superiores a los oficiales que consideran que no pueden corromper.

Las consecuencias de los gobiernos de izquierda son monstruosas, porque no solamente destruyen el presente, sino que también aseguran destruir el futuro del país. La historia del mundo no registra menos de setenta a cien años de sufrimiento en los pueblos que han sido secuestrados por estas lacras humanas, con la excepción de Chile y

España. Para la izquierda, la destrucción del ser humano es prioridad

En las escuelas, a los niños se les inculca el odio contra el capital y los estadounidenses y les enseñan que son los enemigos de la humanidad. Un pequeño niño de una escuela pública en los países secuestrados es seguro que ya aborrezca el sistema capitalista y por consiguiente a los estadounidenses.

El famoso himno sandinista: "Luchemos contra el gringo enemigo de la humanidad" es enseñado y cantado en todos los rincones de Nicaragua, el himno tiene una música muy pegajosa y realmente bonita, de momento este himno lo cantan con reserva, ahora no lo están haciendo en programas de radio y televisión como en la década del ochenta, pero sí se sigue enseñando en las escuelas públicas.

La izquierda, al ser la organización más grande del mundo y con alta capacidad para desarrollar su nueva arma, "el terrorismo universal", trafica y mueve grandes sumas de dinero apoyando tiranos para que logren mantener sus poderes y objetivos. Las drogas se mueven libremente en los países de izquierda, fácilmente podemos ver una juventud que camina a su autodestrucción.

Sus estrategias son continuas y se mueven entre continentes, aun sin hablar sus mismos idiomas, lo que les importa es que los países ya conquistados se mantengan y poner sus mayores esfuerzos en seguir conquistando otros. Hemos visto que países como Rusia, Libia, Irán y otros con tiranías de izquierda han entrado a países como Nicaragua y Venezuela con el propósito de armarlos, de darles entrenamiento guerrillero y que naturalmente luchen contra el capital y los estadounidenses.

Muchos nos preguntamos: ¿Qué puede ofrecer Nicaragua a Irán? Sin embargo el presidente de Irán ha visitado Nicaragua varias veces; de igual forma Daniel Ortega y otros funcionarios sandinistas han visitado a ese país; los iraníes entran a Nicaragua sin necesidad de pasaporte, varios nicaragüenses han reportado que aviones de la Fuerza Aérea de Venezuela han llegado repletos de iraníes, que luego son transportados en buses con destino desconocido.

Por ejemplo, en el caso de Honduras, donde el pueblo hondureño logró heroicamente no sucumbir ante las presiones mundiales para que cayera en la izquierda; es constantemente atacado por organizaciones como la OEA y algunos senadores demócratas de EE. UU., conjuntamente con gobiernos socialistas.

Las razones por las cuales Irán, Cuba, Nicaragua y Venezuela, principalmente, están interesados en Honduras son las siguientes:

• *Sus montañas, conjuntamente con las de Nicaragua, constituyen el mejor lugar para desarrollar miles de terroristas que puedan viajar a EE. UU. o a cualquier otro país donde se requieran actos de terrorismo.*

• *Honduras con el presidente Zelaya, que fue destituido por el congreso de ese país, logró con los narcotraficantes desarrollar una de las mejores rutas para que se transportaran drogas a EE. UU.*

• *Las drogas y el terrorismo son las mejores armas que tiene la izquierda para atacar a Estados Unidos.*

El mundo olvida que una de las principales razones por la cual el gran presidente de EE. UU., Ronald Reagan, apoyó la formación de la contrarrevolución para atacar a los sandinistas en Nicaragua, fue para que los socialistas no conquistaran El Salvador y Honduras, países que tanto el presidente

Carter como los presidentes de la Internacional Socialista de esa época lucharon intensamente para que cayeran, pero no pudieron por que Carter —a Dios gracias— había perdido las elecciones y el presidente Reagan los defendió heroicamente desde el primer día de su mandato.

Los sandinistas, con los cubanos y las izquierdas musulmanas y los rusos, daban entrenamiento a los terroristas de las FARC de Colombia y del FMLN de El Salvador en las montañas de Nicaragua. Muchos países piensan que porque aún no han caído, están inmunes a ser controlados por la izquierda, sin embargo les puedo asegurar que no deben confiarse, deben estar siempre alertas para combatirlos, de lo contrario caerán.

Recuerdo el caso de unos venezolanos que cuando unos nicaragüenses fueron a dar conferencias a su país porque Carlos Andrés Pérez con el presidente Carter de EE. UU., López Portillo de México y otros más pretendían entregar a Nicaragua al grupo sandinista que ya era considerado como terrorista y altamente peligroso; los venezolanos comentaban:

Nosotros tenemos petróleo, somos un país rico y, además, los EE. UU. nos defenderían y no lo permitirían, en cambio Nicaragua es un país pobre y de poca importancia mundial. Qué equivocación la de los venezolanos que comentaban de esa manera; hoy gracias a la Internacional Socialista —dirigida en ese entonces por Carlos Andrés Pérez— Venezuela tienen un tirano de izquierda gobernando su país.

¡Cuánta ironía! Primero Hugo Chávez y ahora Nicolás Maduro ambos de la misma calaña que Daniel Ortega, quien fue impuesto por Carlos Andrés Pérez cuando ocupó la presidencia de Venezuela. El que fue militante importante del Frente Sandinista y vicepresidente de Daniel Ortega en la década del ochenta, Sergio Ramírez, reclamó al presidente

112

Ortega, en un artículo publicado el 19 de enero de 2011 por *El Nuevo Herald*:

> *Cómo es posible que habiendo sido Carlos Andrés Pérez figura clave para que los sandinistas lograran el poder; Ortega no envíe a los funerales de Carlos Andrés Pérez ninguna corona de flores y representantes del gobierno.*

Ramírez afirma también en dicha publicación que Carlos Andrés les dio 100 mil dólares mensuales para que lograran realizar la revolución que secuestró a Nicaragua.

Durante la década del ochenta —cuando los sandinistas gobernaron con todos los poderes, asesinaron miles de personas, las torturas eran infrahumanas, los robos de propiedades fueron impresionantes, a muchos de sus propietarios los encarcelaban o los asesinaban— los sandinistas robaron cuanta propiedad quisieron, arrancaron de los libros de los registros públicos las hojas que se encontraban en los tomos que registraban los títulos de propiedades, inscribieron nuevos asientos en el registro público a sus nombres, cambiaron la constitución para hacer leyes para su beneficio, en fin, hicieron cuanta barbaridad imaginable se puede pensar.

A pesar de tantos desastres y maldades que hicieron, siguen gobernando el país, muchos se preguntarán ¿por qué? La respuesta es fácil: ¡¡El ejército y la policía son 100% sandinistas!! Lo primero que hace esta clase de tiranos, para asegurarse de mantener el país secuestrado, es controlar el ejército, acto seguido, la Corte Suprema de Justicia; todos los demás poderes caen por sí solos.

Ante esa clase de situación la única forma de liberarse de los tiranos es logrando la eliminación total de las Fuerzas Armadas, incluyendo la policía cuando está a la orden del tirano, como es el caso de Nicaragua y Cuba. Sin ejércitos sumisos no hay tiranos, el país se convierte en un país de leyes. El presupuesto del ejército se utilizaría en la educación de la niñez, única forma de que estos países salgan de su pobreza. Debido a que los ejércitos protegen a tiranos, como por ejemplo el de Nicaragua, este país se ha convertido en el más pobre de Latinoamérica.

Los nicaragüenses deberían seleccionar por lo menos un día al mes para reunir, pacíficamente, en las diversas ciudades a miles de personas como lo hizo Gandhi; esta forma de protesta seguramente llegará a lograr los objetivos de cambiar el ejército por escuelas y los tiranos desaparecerán al instante. Antes de la revolución (1979) Nicaragua fue el país más desarrollado económicamente de Centroamérica, hoy supera a Haití en su pobreza. ¿Qué ha sucedido? ¡Simplemente la izquierda lo controla!

Cuando los pueblos protestan contra los tiranos, la policía, controlada por el ejército y por el mismo tirano, no hace absolutamente nada para defender al ciudadano que pacíficamente protesta por las nuevas pretensiones del tirano, en algunos países los atacan despiadadamente llevándolos en muchos casos a la muerte. El ejército o bien la policía atropella a los ciudadanos que protestan, algunos son heridos, otros muertos, al final todos — por miedo a perder sus vidas — en la mayoría de los casos se retiran.

Si estos países secuestrados eliminaran al ejército, se lograrían invertir todos esos millones, que supuestamente se utilizan para defender la soberanía de invasiones que puedan hacerle sus vecinos, en educación y salud, dos rubros importantes que al menos en América Latina han sido causa de la miseria y frustración existentes.

No creo que exista la menor duda en cualquier ciudadano de los países secuestrados respecto a que las desgracias y miserias de su país se deben a que los ejércitos son facilitadores de todo lo que quieren hacer los tiranos. Hay, naturalmente, excepciones en América Latina como son las Fuerzas Armadas de Colombia, Chile y posiblemente algún otro país.

Aún más, ahora tenemos una OEA, por ejemplo, que condena a un país si este se revela a que masacren su constitución, la izquierda ya tiene esa nueva herramienta que la utiliza y la utilizará para que ningún país pueda pretender liberarse de sus secuestradores.

El 5 de diciembre de 2010 en Mar del Plata, Argentina, se reunieron 16 presidentes de las 22 naciones y además el rey de España, allí, entre otras decisiones, acordaron "cortar todo tipo de vínculos con un estado miembro donde se intente o logre destruir la democracia", dijo en su discurso la presidenta de Argentina, Cristina Kirchner.

Siguió diciendo la señora Kirchner "los países gobernados por golpistas o gobiernos antidemocráticos no tendrán ninguna organización a la que puedan pertenecer, y esto cierra el camino a las relaciones con cualquier país que viole las instituciones democráticas".

Honduras no fue invitada a pesar de que al presidente Lobo lo eligieron con el máximo de votos por su pueblo y que heroicamente rechazó las pretensiones del depuesto presidente Zelaya de violar la sagrada constitución de su país.

En el caso de Honduras, la izquierda presiona para convertirla en otra Nicaragua. Si el presidente Lobo no tiene la firmeza y el temple del heroico expresidente Roberto Mitcheletti, seguramente abrirá las puertas para que Zelaya no sea juzgado en su país, con lo cual la izquierda unida y Zelaya causarán hartas dificultades hasta que Zelaya recupere el poder o algún otro izquierdista que él pueda dirigir.

El secretario general de la OEA, José Miguel Insulza, dijo que "todo intento dictatorial va a ser aislado y se van a tomar medidas"

¿Qué significan esas palabras del señor Insulza? ¿Significan que tomarán medidas contra Cuba y Nicaragua? Estos son dos países que están completamente secuestrados, uno con más de 53 años y el otro (en 2013) lleva más de 34.

Los dos países están gobernados por tiranos, no creo que exista un ser humano que no lo reconozca, excepto los izquierdistas. ¿Qué pasa señor Insulza? ¿Sancionará a esos países?

Qué pensarán los izquierdistas sobre la información que apareció el 7 de diciembre de 2010 en *El Nuevo Herald*, el cual en primera plana informa: "**Chávez y narcos financian a Ortega**".

Según publicaciones tanto de *El Nuevo Herald* como de las televisoras, Ortega ha recibido financiamiento de las redes internacionales de narcotráfico y del presidente Chávez.

Ya en la década del ochenta, el gran presidente Ronald Reagan combatió a los sandinistas con la contrarrevolución por causa del dinero del narcotráfico y porque también muchas drogas se recibían en Nicaragua para despacharla a EE. UU. y otras partes del mundo.

El dinero del narcotráfico siempre llega a los tiranos y aun a gobiernos de izquierda no declarados todavía tiranos.

Chávez enviaba, como mínimo, veinte millones de dólares mensuales a Ortega y gran parte de este dinero se invierte en la conquista de Honduras.

Muchos recordarán la maleta con más de "ochocientos mil dólares" en efectivo que, en un avión privado, se transportaba de Venezuela a Buenos Aires, Argentina. También se recordarán los millones de dólares que Chávez envió a Zelaya cuando fue presidente de Honduras.

El mundo conoce de estas situaciones desde hace

muchísimo tiempo y difícilmente puede existir algún gobierno que no lo sepa; si actúan sin tomar represalias contra estas situaciones es por motivos del "yo qué pierdo" o bien por "miedo a represalias de las izquierdas".

A la izquierda no le interesan las reglas de la democracia representativa, el fortalecimiento del estado de derecho, por eso la atropellan y se aprovechan de que la prensa de izquierda los apoya. Tampoco les interesa atraer inversiones, el crecimiento económico, la generación de empleos y la reducción de la pobreza, porque eso es ¡capitalismo! y va en contra de la doctrina de las izquierdas.

¿Qué pasa con la violación de la constitución de Nicaragua que hicieron los sandinistas para que Ortega nuevamente tomara la presidencia?

Lo que ha hecho el Frente Sandinista, a favor de su líder Daniel Ortega, no es más que un golpe de estado provocado desde dentro del gobierno violando la constitución por una Corte de Justicia corrupta y al servicio de la tiranía sandinista.

La Carta Democrática Interamericana de la OEA en el capítulo IV, artículos del 17 al 22, prevé y rechaza explícitamente la ruptura del orden democrático, no solo de los que se realizan por medio de acciones militares, sino también los que se llevan a cabo por medio de golpes indirectos como ha sido el caso de Nicaragua en las elecciones presidenciales de noviembre de 2011 cuando fue violada su constitución.

No hay duda mundial ni nacional respecto a que los sandinistas han violado la constitución de Nicaragua y, como todo régimen de izquierda, persigue el derrumbe de todo el orden democrático, sin importarle su pueblo, ni las relaciones con países democráticos porque, al final, el sumiso pueblo de Nicaragua no podrá actuar y la comunidad internacional, dirigida por la OEA, le dará su apoyo sobre todo ahora que su director es un hombre de las filas de la izquierda.

El nuevo gobierno de los sandinistas que se instalará el 10 de enero de 2012 será un gobierno de facto repudiado por la mayoría de los nicaragüenses y que gozará del beneplácito de los gobiernos de izquierda enemigos de EE. UU. como los de Irán, Venezuela, Cuba, Ecuador, Argentina y Bolivia, principalmente.

Si observamos cualquier país que haya caído en los nefastos gobiernos de izquierda, percibiremos que todos tienen un común denominador: "El cinismo con que engañan a sus pueblos".

Otras de las estrategias utilizadas por la izquierda es infundir el miedo a través de sus Fuerzas Armadas y el sistema judicial; controlando la Corte Suprema de Justicia y el ejército, hacen lo que quieran con la nación.

- *La empobrecen lo más que pueden, ya sea por medio de confiscaciones, robos, falta de justicia, leyes contra el capital, amenazas contra países como los Estados Unidos y algunos de Europa, conspiraciones terroristas y mucho más.*

- *La convierten entre los países más peligrosos, observemos en los últimos tiempos, Venezuela es considerada, desde hace muchos años, uno de los países más peligrosos del mundo, se han reportado en muchos medios de comunicación que en 2011 hubo más de 19 000 asesinatos.*

El despotismo de los gobernantes de izquierda es casi siempre igual en todos los países secuestrados, gracias al control de las Fuerzas Armadas, quienes se ocupan de garantizar la estabilidad del tirano, no importándoles las barbaridades que tengan que hacer contra el pueblo, lo hemos visto en la URSS y sus países satélites, en Cuba, Nicaragua, Venezuela, Libia, Siria y muchísimos otros.

Es inaceptable el cinismo de que muchos gobernantes de grandes países como Brasil, por ejemplo, visiten al monstruo Fidel Castro; la señora Bachelet cuando fue presidenta de Chile también le fue a rendir homenaje a Fidel Castro en Cuba y recientemente, en marzo de 2012, el presidente Santos de Colombia.

No existe un país secuestrado donde sus tiranos no destruyan sus economías, bajen la calidad del estudiante, ahuyenten la inversión extranjera, infundan el miedo a su población, se incrementen los crímenes, robos, secuestros, etc.

Mientras un país como Taiwán —que hace apenas un poco más de treinta años, tenía un gobierno de izquierda y con mayor pobreza que Haití— decidió abandonar la izquierda, dar prioridad a la educación, fortalecer sus leyes, respetar y propiciar la propiedad privada ha logrado en poco tiempo ser una economía más grande que las de Centroamérica, tienen un ingreso per cápita de casi treinta y ocho mil dólares anuales.

Estos ejemplos, lamentablemente no son vistos o no les importan a muchos países secuestrados, como es el caso de los nicaragüenses, por ejemplo. Por lo general los países controlados por las izquierdas se vuelven tolerantes, ciegos y tontos, no alcanzando a comprender cómo sus países día por día se empobrecen, pierden oportunidades de inversiones, de turismo, etc., en otras palabras se convierten en países que no sirven, sobre todo si se comparan con otros donde la izquierda no gobierna.

A la izquierda, aun sabiendo que sus políticas causan deterioro, injusticias, miseria y otras calamidades, no le conviene reconocerlo, sus integrantes prefieren las confiscaciones, aunque estas traigan desempleo, destrucción de los bienes confiscados, prefieren la corrupción como un medio de garantizar su estabilidad gobernando.

La izquierda lo sabe pero, por supuesto, su doctrina no le permite reconocer, por ejemplo, que es con la empresa privada la forma en que una nación obtiene su riqueza, su verdadero progreso, el Estado nunca ha sabido producir eficientemente, el Estado es siempre un desastre en la administración de empresas, además, el Estado ha sido creado para otros propósitos como lo es; servir y hacer cumplir leyes que beneficien al ciudadano.

Solo creando un estricto Estado de Derecho, incorruptible y justo, un país puede alcanzar logros inimaginables como lo demuestra EE. UU. y muchos países más donde la izquierda no es una amenaza para sus ciudadanos. Muchos países asiáticos han creado sistemas económicos libres y con absoluto respeto a la propiedad privada, han puesto sus reglas claras, lo que permite una auténtica confiabilidad en las inversiones que se puedan realizar en esos países.

Los países donde impera un estado de derecho son, por lo general, incorruptos; son países preocupados en desarrollar el bienestar de sus ciudadanos, colaboran con la globalización porque están seguros de que abre mejores oportunidades para un mundo mejor.

La educación es considerada prioritaria para el desarrollo del país y el combate contra la pobreza, se estimula a los estudiantes para llevarlos a carreras universitarias, saben que solo así el país encontrará cada día mejores formas de combatir la pobreza y obtener una vida mejor, llena de paz y felicidad.

Todos los ciudadanos debemos estar atentos a luchar contra los que no aceptan alternar el poder, nuestra lucha debe ser con valor, sin miedo y obligando a cambios sustanciales cuando los tiranos estén buscando su continuidad porque tienen el respaldo de las Fuerzas Armadas.

La izquierda jamás logra el bien ciudadano, esto ha sido demostrado una y otra vez por todos los países controlados por las izquierdas; es falso, es mentira que mejoran al pobre, que mejoran al país, sus discursos populistas solo anuncian aberraciones que se pueden comprobar al poco tiempo.

La gente pobre, pensando que nada tienen que perder, no se percatan de que son los que más pierden, porque además de llevarlos a un estado de miseria, los esclavizan, los manipulan, los intimidan porque no pueden obtener los servicios básicos como salud, educación, comida y techo si no responden a las llamadas y exigencias del tirano.

Algunos militantes de la izquierda son tan cínicos y malditos que, para congraciarse con el tirano, se convierten en ojos y oídos del barrio en que viven, practican visitas periódicas de casa en casa para ver cómo están respondiendo a las reglas establecidas por el partido, sin la firma de estos militantes en los cupones que entregan a cada ciudadano, estos no pueden recibir ninguna atención, comida o escuela para sus niños, además corren el peligro de ser llevados a la cárcel, para lo cual les fabrican actos delictivos. Los Comités de Defensa de la Revolución (CDR) en Cuba han constituido y constituyen un fehaciente ejemplo.

Los izquierdistas saben que cuanto más libre sea una sociedad, menos probabilidad tienen ellos de apoderarse del país, por eso a los grupos de izquierda no les importa autocalificarse como socialistas, terroristas, FARC, FMLN, Frente Sandinista, etc., aborrecen a los estadounidenses y a otros países donde la izquierda no ha tenido éxito.

El 19 de mayo de 2013 en *El Nuevo Herald,* en la sección "El Mundo" apareció el siguiente artículo:

Surge pugna en España por la educación religiosa
La oposición española fustigó el sábado la reforma educativa
aprobada por el gobierno conservador de Mariano Rajoy que,
entre otras medidas, devuelve el valor académico a la asignatura
Religión, computándola en la media de calificaciones y para la
obtención de becas.

¿Qué tiene que ver la calidad de nuestra educación con que
la educación religiosa, la religión católica, puntúe para tener
becas o para entrar en Medicina? ¿Qué tiene que ver? Lanzó el
líder de la oposición socialista, Alfredo Pérez Rubalcaba, en un
acto de su partido.

"Si se aprueba, será la primera ley que derogue, el próximo
gobierno socialista", aseguró Rubalcaba en Twitter.

Esta solo es una parte del artículo que pueden leerlo
entero en *El Nuevo Herald* que arriba está indicado.

Formar juventud con valores religiosos solo puede ser
ventaja para un país, en cambio el ateísmo que es la doctrina
que propician los socialistas, es nefasto para una nación, crear
hombres sin principios religiosos, es crear futuros y seguros
problemas a las sociedades.

El Salvador

Entre los salvadoreños se ha mantenido una esperanza
y, hasta cierto punto, una alegría, ya que su presidente Funes,
del partido izquierdista FMLN, ha actuado más siguiendo la
política del Brasil que la de los terroristas de Cuba, Nicaragua
y Venezuela, sin embargo esto ha cambiado radicalmente
porque la Asamblea Nacional de El Salvador ha ratificado el
convenio firmado por El Salvador cuando el presidente Funes
visitó la isla.

¿Qué significa este tratado?

Este tratado no es nada más ni nada menos que la autorización para que lleguen miles de cubanos, médicos, enfermeros, técnicos, militares, etc., a darle asistencia a ese importante país, que es clave para atacar los Estados Unidos.

Lo mismo sucedió con los sandinistas en la década del ochenta y por eso el presidente Reagan, formó la "contra" y los combatió para defender a El Salvador, a pesar de que Carlos Andrés Pérez de Venezuela, López Portillo de México, José Figueres de Costa Rica y otros izquierdistas, pegaban gritos al cielo por la defensa de El Salvador que instrumentó el presidente Reagan.

Hoy Venezuela y otros países de América del Sur tienen el mismo problema de estar invadidos por cubanos que, lejos de proveer ayuda médica, o técnicas agrícolas, son más bien promotores y velan porque se establezca la izquierda en todos los rincones del país, son militares al servicio de Chávez, listos para actuar en defensa de la revolución.

Hoy el Salvador, después del tratado firmado con Cuba se convierte en pieza clave para atacar a los Estados Unidos y otros países que necesiten desestabilizar; México podría ser uno de ellos; para esto les falta a la izquierda apoderarse de Honduras, país importantísimo por sus montañas colindantes con las de Nicaragua y, además, con El Salvador.

El Salvador es el país con mayor densidad de población en América Latina, cuenta con miles de asesinos conocidos como Maras, además ha sido un país sumamente violento, consecuentemente al caer Honduras, estos tres países constituyen un territorio excepcional para enviar miles de terroristas al suelo estadounidense.

La gente no piensa o no le importa, por ejemplo: ¿Qué le puede ofrecer Nicaragua a Irán? Han olvidado o no les importa el por qué el presidente Reagan luchó contra los sandinistas, por eso no debe sorprender al mundo que a Nicaragua estén arribando iraníes sin necesidad de visa, no hay control, solo se sabe que una vez que llegan al aeropuerto son transportados a las montañas del país, ¿serán turistas?

Con este tratado, El Salvador se pone de rodillas ante la izquierda mundial, sabe que estos miles de cubanos que llegarán en poco tiempo terminarán de destruir al salvadoreño, lo harán a imagen y semejanza de ellos, el problema de los salvadoreños se elevará a grandes proporciones, los crímenes, secuestros, etc., crecerán a cifras alarmantes como ocurre hoy en Venezuela.

Cualquier brote democrático será destruido de inmediato por el control que estos cubanos instrumentarán enseguida para la defensa de la revolución, entre ellos el establecimiento del control ciudadano manzana por manzana.

Esperamos que los hondureños, al ver lo que sucede en sus países vecinos, lleguen a comprender que el peligro que tienen es gravísimo, sus posibilidades de caer están muy cerca porque Cuba, Nicaragua, Venezuela e Irán no dejarán perder esta posibilidad de convertir a Centroamérica en el "Centro del Terrorismo Internacional" y para esto solo falta Honduras.

CAPÍTULO XII

Honduras tiene que caer

Para la izquierda mundial, en su afán de atacar a Estados Unidos y los países que se le opongan, es imperativo que Honduras caiga, por lo que efectuarán toda clase de maniobras hasta lograr sus objetivos.

Honduras tiene el gran peligro de la OEA que hoy se encuentra dirigida por el izquierdista José Miguel Insulza y otros representantes que también profesan la misma doctrina, ellos han logrado doblegar a Honduras para que aceptara el regreso de Zelaya, a pesar de los diversos juicios que tiene pendientes por querer cambiar la constitución de su país y los robos cometidos mientras ocupó la presidencia.

El presidente actual de Honduras le prometió a la OEA que Zelaya no sería enjuiciado y que podría regresar a su país; Zelaya de inmediato ha formado un nuevo partido de izquierda para asegurar su regreso y el de su familia, este nuevo partido será la clave para conquistar el poder.

Irán, Nicaragua, Venezuela, Cuba, Argentina, Bolivia y Ecuador no descansarán hasta lograr sus malignos propósitos, es muy difícil que Honduras se pueda salvar de convertirse —conjuntamente con Nicaragua— en uno de los países claves para entrenar a millares de terroristas, esto ya ha sido una decisión de Irán y de los grupos de izquierda.

El 25 de abril de 2011 *El Nuevo Herald*, en primera plana informó:"**Micheletti advierte sobre maniobras de Chávez**".

Tanto Chávez como Daniel Ortega y los demás gobernantes de izquierda de América del Sur, Centroamérica y el Caribe, no descansarán hasta lograr sus propósitos de que Honduras caiga hacia un gobierno de izquierda.

La izquierda, con el cinismo que les caracteriza, ha logrado que el actual presidente de Honduras se reúna en Colombia con el presidente Chávez para suplicarle que le dé el respaldo para que Honduras regrese a la OEA, a cambio de que Zelaya regrese a Honduras, levantándole todos los cargos que la justicia hondureña tiene contra él; es increíble que el presidente Santos de Colombia se preste a este juego de las izquierdas.

Peligro para Honduras y el resto de Centroamérica. *Diario Las Américas*, publicado el 12-31-2010:

Zelaya afirma que regresará a Honduras en 2011
(Tegucigalpa, ACAN-EFE)

El expresidente de Honduras Manuel Zelaya, destituido por el ejército el 28 de junio de 2009, anunció que en 2011 retornará a su país, aunque no precisó fecha. "Que a nadie le quepa la menor duda de que 2011 será el fin de la persecución política, mi retorno y de la consolidación de nuestro proyecto de refundación de Honduras", indicó Zelaya en una extensa carta enviada vía electrónica a medios de prensa hondureños desde la República Dominicana, donde reside desde el 27 de enero pasado.

En su misiva, Zelaya señala que su "proyecto de

refundación de Honduras" lo hará "junto al Frente Nacional de Resistencia Popular — del que es coordinador general — y todas las fuerzas que lo integran: el Partido Liberal en resistencia, UD (Unificación Democrática) y muchas organizaciones más". "Estamos seguros de lograrlo. Esta Honduras que daremos en heredad a nuestros descendientes, hoy sabe defender sus derechos y nunca más bajará la cabeza ante nadie. Compatriotas que el año nuevo sea de reflexión, compromiso y de lucha", añade el mensaje de Zelaya a sus compatriotas.

Zelaya fue destituido y expulsado del país cuando promovía una consulta popular orientada a reformar la constitución pese a tener impedimentos legales.

El exgobernante también expresa en la carta que les presentó a los hondureños "como una nube de incertidumbres y esperanzas para resolver la crisis política generada por el golpe de estado, al tiempo que planteaba retos importantes para el pueblo de Honduras".

Zelaya reconoce que en la administración que preside Porfirio Lobo se registraron "modestas mejorías en el crecimiento económico, entre dos y tres por ciento", que representan, según él, "menos de la mitad de los índices de crecimiento" obtenidos en su gobierno, que inició el 27 de enero de 2006.

En su opinión, el crecimiento económico de este año "no se ve reflejado en la distribución del ingreso para el pueblo hondureño, ya que se sigue acumulando en pocas personas, provocando, por consiguiente, mayor desigualdad y extrema pobreza".

Zelaya, aunque no reconoce al actual régimen, subraya que "los técnicos del gobierno de Porfirio Lobo proyectan una mejoría en la situación económica para 2011", pero "siempre" bajo una "óptica neoliberal que favorece a las minorías opulentas *y agrava las condiciones de supervivencia de las mayorías empobrecidas".*

Según Zelaya, el gobierno de Lobo se ha "sometido a los designios del Fondo Monetario Internacional" y las donaciones y ayudas de países y organismos internacionales que ha recibido "vislumbran un escenario de mayor endeudamiento del país sin resultados concretos para la mejora de la situación socioeconómica del pueblo".

Zelaya minimiza en su carta lo que ha hecho la administración de Lobo por los hondureños, pero resalta los logros económicos que según él, alcanzó Honduras entre 2007 y 2008.

"Hay un aumento inocultable y sustancial de la deuda externa, que estaría ocultando nuestra agonía como país pobre altamente endeudado, y tratando de presentar un programa alentador, mientras se hipoteca nuestro futuro", señala entre otras cosas el exgobernante.

Según Lobo, Zelaya no regresa a Honduras porque no quiere, aunque el expresidente exige que le anulen todos los juicios que le ha abierto el Ministerio Público por abusos de autoridad, presuntos actos de corrupción y traición a la patria, entre otros.

Hasta aquí la publicación del *Diario Las Américas*.

Esta carta demuestra la insistencia de la izquierda para tomar nuevamente a Honduras, pieza fundamental para los iraníes, nicaragüenses y venezolanos. Aparentemente el presidente Lobo no está llegando a comprender el daño que le hará al pueblo hondureño si su país se convierte conjuntamente con Nicaragua en la pieza clave para desarrollar el terrorismo en cantidades masivas.

El presidente Lobo ha aceptado, por las presiones de la

izquierda mundial, que Zelaya regrese a Honduras, pero de seguro sus consecuencias serán graves para los hondureños. El presidente Lobo ha menospreciado los actos heroicos de su pueblo conjuntamente con los del expresidente Roberto Micheletti para salvarse de la izquierda.

El Nuevo Herald del 4 de enero de 2011 publicó: **"Lobo insiste en que Zelaya sabe que 'nadie lo va a meter preso'"**

En otras palabras, el presidente Lobo, con esta posición inconscientemente está buscando la desestabilización de su país, la sangre correrá próximamente en Honduras y pronto veremos una Honduras que será país gemelo de Nicaragua.

¿Por qué un hombre que quiso mancillar la constitución de la República de Honduras, con robos comprobados, conectado con los grupos traficantes de drogas a través de Venezuela y Nicaragua, no debe ser enjuiciado si regresa a Honduras, según el presidente Lobo?

Se debe comprender que los grupos de izquierda están ejerciendo un papel importante para lograr que Zelaya regrese, de lo contrario muchos países seguirán sin reconocer al presidente Lobo a pesar de que más del 80% de la población votó a su favor. Lobo sigue temeroso del significado de esos países por los efectos económicos para Honduras.

Lobo debería poner en la balanza el beneficio que pueda llegar a significar que Honduras sea reconocida por los países de izquierda de la OEA y el perjuicio que significará la presencia de Zelaya con la gran posibilidad de que su país se integre a la órbita del mal; creo que más le vale continuar con todos los países que la han aceptado y olvidarse de los países de izquierda que son los únicos que no la han aceptado.

El territorio de Honduras, fronterizo con El Salvador y Nicaragua y sus montañas junto a las montañas de Nicaragua servirá, conjuntamente con la alta densidad de población de El Salvador, para entrenar a miles de terroristas de diversas partes del mundo para atacar principalmente a Estados Unidos, esta conclusión la repito insistentemente para que no se olviden de este peligro.

¡¡El plan es fenomenal!! Hoy se presentan casi las mismas características que permitieron la explosión de las drogas en los Estados Unidos, cuando el presidente Carter favoreció ingenua o tontamente a grupos de izquierda que lograron introducir drogas como nunca antes había sucedido en su país.

Si las drogas, que han causado tanto daño en EE. UU., son más fáciles de controlar que un ser humano, imaginémonos lo que será la llegada a EE. UU., legal o ilegalmente, de miles de terroristas con instrucciones de destruir la paz, la tranquilidad y por qué no decirlo, la felicidad con que vive el noble pueblo estadounidense.

Para consolidar sus propósitos la izquierda, lamentablemente, no cesará en sus pretensiones, seguirá buscando la cooperación aun entre gobiernos de derecha que inocentemente o por temor a ellos puedan ser convencidos. Nunca antes en la historia del mundo ha tenido la izquierda tan cerca la oportunidad de atacar a EE. UU. como la tiene hoy, si Honduras cae y continúan algunos demócratas controlando la Casa Blanca.

• *Los mismos estadounidenses de izquierda, con el poder que tienen los demócratas en el gobierno actual, están cooperando para que el izquierdista expresidente de Honduras Manuel Zelaya regrese a cumplir su misión de llevar a su país a la izquierda. Una OEA dirigida hoy por un hombre de izquierda que hizo hasta lo imposible para que Zelaya regresara al poder, continuará luchando directa o indirectamente para lograr que la izquierda venza en ese heroico país.*

• *La OEA ha reconocido a Honduras solo después que Lobo aceptó los términos impuestos por la OEA al nuevo gobierno a pesar de haber tenido unas elecciones ejemplares donde se pronunció el heroico pueblo hondureño a favor del actual presidente Lobo. ¿Qué significa esa posición?*

El éxito de más del 80% de los votos en favor de Lobo fue más bien una expresión del pueblo en contra de Zelaya; ¿qué mejor demostración quería la OEA?

La OEA, los EE. UU. y los gobiernos del mundo tienen la certeza de que Zelaya fue legítimamente destituido al querer violar la constitución de su país y realizar cuantiosos robos de las arcas del gobierno.

El 7 de enero de 2011 el *Diario Las Américas* publicó las declaraciones de la senadora republicana Ros-Lehtinen donde públicamente pide al gobierno que cese las presiones para la absolución de Zelaya.

He aquí la publicación: Washington (EFE).

La presidenta del Comité de Relaciones Exteriores de la Cámara de Representantes de EE. UU., Ileana Ros-Lehtinen, pidió que el gobierno cese las presiones a favor de la absolución del depuesto presidente hondureño Manuel Zelaya.

En una carta enviada el miércoles al subsecretario de Estado de EE. UU. para América Latina, Arturo Valenzuela, divulgada hoy, Ros-Lehtinen expresó su "grave preocupación" ante informes de prensa de que funcionarios de su país están presionando a Tegucigalpa para que absuelva de cargos criminales – sin mediar juicio – a Zelaya .

La legisladora republicana advirtió que, si esos informes resultan ciertos, el Departamento de Estado debe "dejar de ejercer de inmediato esa indebida influencia" sobre el gobierno hondureño.

A su juicio, el gobierno y el pueblo de Honduras continúan dando importantes pasos hacia adelante tras la crisis política que se desató el año antepasado.

Por ello, continuó, "está en los intereses de EE. UU. apoyar esos esfuerzos, en vez de interferir en ellos, y promover la plena reintegración de Honduras en el sistema interamericano, incluyendo su plena restauración en la Organización de Estados Americanos (OEA)".

Ros-Lehtinen calificó de "problemático" que se esté minando la importancia de la relación bilateral al presionar al gobierno hondureño para que tome medidas "contrarias a sus procesos legales y constitucionales, y allane el camino para el retorno de Manuel Zelaya a Honduras sin afrontar consecuencias judiciales".

"De nuevo insto a la Administración a que de inmediato cese cualquier esfuerzo en marcha para minar el sistema judicial en Honduras... e instó al Departamento de Estado a que se centre en apoyar el fortalecimiento de las instituciones y procesos democráticos de Honduras durante estos momentos clave", puntualizó la carta.

En julio pasado, sin embargo, la propia OEA recomendó en un documento que, en aras de resolver la situación en Honduras, "se pusiera fin a los juicios" iniciados durante el régimen de facto en contra de Zelaya y sus colaboradores, conforme a la legislación de Honduras.

En el mismo, la OEA dijo que los dos procesos pendientes contra Zelaya por presunta corrupción fueron formalizados después del golpe de estado en junio de 2009, en medio de un clima político negativo.

"Es evidente que en el momento de iniciarse los juicios se vivía una situación de ruptura constitucional la cual no es posible ignorar. Por ello, esas acusaciones son percibidas como políticamente motivadas", dijo entonces la OEA, la OEA defiende al izquierdista Manuel Zelaya, sin embargo, las acusaciones del pueblo de Nicaragua contra Daniel Ortega, no las reciben, cosa igual sucedió cuando la hijastra de Daniel Ortega les entregó la demanda para acusar a su padrastro de violarla desde la corta edad de 11 años.

Zelaya fue destituido el 28 de junio de 2009, pero sobre él pesan sendas órdenes de captura en dos casos de supuesto desvío de fondos públicos para la campaña de una consulta popular que planeaba celebrar el día de su destitución, con el fin de instalar una Asamblea Constituyente.

La Fiscalía contra la corrupción del ministerio público acusó a Zelaya y a algunos funcionarios de su gobierno de falsificación de documentos públicos y fraude en perjuicio de la fe y la administración pública.

En diciembre pasado, los abogados defensores de Zelaya pidieron a un tribunal de justicia hondureño que anule los dos procesos por corrupción en su contra.

Hasta aquí la publicación del *Diario Las Américas*.

Es una pena que haya tan pocas personas como la valiente senadora republicana Ileana Ros-Lehtinen defendiendo al heroico pueblo hondureño; lamentablemente si no lo logramos los que comprendemos el mal que hacen al mundo las izquierdas, pronto tendremos una Centroamérica convertida en la mayor productora de terroristas; Irán, Cuba, Nicaragua y Venezuela jamás perderán esa oportunidad en el suelo centroamericano.

Centroamérica se unirá a los pueblos musulmanes de izquierda que son los principales propiciadores del terrorismo internacional, esto pronto lo veremos si Honduras cae, hay mucha presión de la izquierda mundial. Si la izquierda mundial logra sus fines, el terrorismo centroamericano atacará pronto a EE. UU. con miles de terroristas, esto es fácil de predecir.

La tolerancia y el miedo que se tiene a la izquierda pronto lograrán que EE. UU. deje de ser ese país seguro y tranquilo para vivir y crear nuevas generaciones que sigan aumentando el bienestar de ese extraordinario país, la tolerancia a una ¡Democracia equivocada!, la cual están aprovechando las izquierdas, cambiará el mundo hacia mayor pobreza, injusticia, guerra, etc.

Lo que espera a los hijos de muchos empresarios y gente de bien de Centroamérica, es terrible: serán países donde no se podrá vivir, con una reputación de tomar precaución con cualquiera que provenga de esa región; triste pero lamentablemente se convertirá en una realidad si Honduras cae.

El señor Insulza sigue, desde su posición, presionando para que Zelaya regrese a Honduras sin responder por ninguno de los juicios que tiene pendientes, esto no es más que una astuta fórmula para lograr que Honduras se convierta en un caos y la izquierda tome el poder bajo el control de los chavistas, los sandinistas, los Castros y por supuesto Irán.

El 9 de enero de 2011 el *Diario Las Américas* publicó: **"Insulza espera haya 'Buenas Noticias' en próximos días sobre futuro de Zelaya".**

"El secretario general de la OEA José Miguel Insulza, expresó hoy su deseo de que haya pronto 'buenas noticias' sobre los juicios pendientes contra el expresidente hondureño Manuel Zelaya para que este pueda regresar a su país".

En otro de los párrafos del mencionado artículo del *Diario Las Américas*, se lee: "Insulza se refirió a los juicios por corrupción que tiene pendiente el exmandatario hondureño".

También dijo el *Diario Las Américas* en su publicación que Insulza dijo: "Si se decide que ya no se siguen los juicios contra el presidente Zelaya, él podrá volver a Honduras y este tema, a mi juicio, debería ya abrirles camino al retorno definitivo de Honduras a la OEA" de la que fue suspendida el 4 de julio de 2008 por el golpe de estado, recalcó.

En otras palabras, si el pueblo de Honduras no se doblega ante la OEA, esta continuará con su injusta actitud de perjudicar al tercer país más pobre de América Latina, solo Haití y Nicaragua superan a Honduras en su pobreza.

"Mi opinión personal —dijo Insulza— es que Honduras debería regresar a la OEA de todas maneras, pero creo que esto es lo que de alguna manera juntaría suficiente voluntad como para permitir el retorno de Honduras al organismo interamericano".

El futuro de Zelaya es una de las principales exigencias de los países miembros del organismo interamericano y quizás la de más peso. Por ello una comisión de alto nivel recomendó en julio pasado que ponga fin a los juicios iniciados durante el régimen de Mitcheletti en contra del exmandatario y sus colaboradores, con el fin de facilitarle el regreso al país.

Según Insulza "si votáramos hoy, tendríamos unos 11 votos en contra" según se publicó en el *Diario Las Américas.*

Esta publicación del *Diario Las Américas* no puede ser más reveladora de las presiones que tienen los países de izquierda de Latinoamérica para que Zelaya regrese a Honduras; la finalidad que verdaderamente persiguen es causar internamente grandes revueltas para que al final pueda regresar Zelaya o alguien designado por él al poder para, de esta forma, desarrollar el plan de ataque a los Estados Unidos.

La tríada Nicaragua, Honduras y El Salvador será el gran éxito de la izquierda mundial, no se necesita nada más que las contribuciones económicas, humanas y armas de Irán, Venezuela, Nicaragua y Cuba.

A pesar de que ya hace casi dos años que Zelaya fue destituido, la OEA, con su secretario, señor Insulza al frente, no descansa de ayudar a la izquierda para que este regrese a Honduras y desestabilice el gobierno legítimamente constituido.

El 9 de abril de 2011 el *Diario Las Américas informó:*

Honduras debe asegurar regreso y seguridad de Zelaya antes de volver a OEA

El gobierno de Honduras debe asegurar el regreso y la seguridad del expresidente Manuel Zelaya antes de que el país pueda volver al seno de la Organización de Estados Americanos (OEA).

Cómo es posible que una institución, como supuestamente debe ser la OEA, incite a que no se respeten las leyes de un país, sobre todo cuando un ciudadano expresidente está acusado de delitos tan graves contra su propio país.

Lástima que no tenemos en la Casa Blanca un presidente de la estatura del recordado presidente Ronald Reagan (q. e. p. d.), estoy seguro de que hubiera logrado la destitución de Insulza desde hace mucho tiempo.

Increíble: La izquierda vence a Honduras y Zelaya regresa

El 28 de mayo de 2011 se recordará en el mundo como el día trágico para un pueblo reconocido mundialmente como heroico, el cual finalmente fue doblegado por la izquierda mundial para que aceptara el regreso de Zelaya a su país sin que tenga que enfrentarse a la justicia que lo reclama por varios delitos. Zelaya llegó a Tegucigalpa en un avión venezolano suministrado por Chávez, desde Nicaragua, donde había sido recibido con honores de presidente por Daniel Ortega y el expresidente de izquierda Torrijos, de Panamá.

José Miguel Insulza, de la OEA, fue hasta Honduras para recibir a Zelaya, ¿increíble, verdad? Los demás funcionarios que fueron al recibimiento de Zelaya eran todos de países gobernados por izquierdas o simpatizantes de la izquierda.

En una plaza cercana al aeropuerto donde se reunieron cientos de simpatizantes de Zelaya, la primera palabra de su discurso dirigida a los izquierdistas hondureños, nicaragüenses y de otros países presentes fue: ¡CAMARADAS!

Ya con esta palabra de introducción, se comprenderá por qué se atrevió a desafiar a la mayoría del pueblo hondureño al decirles que la reforma de la constitución va, que Honduras se unirá a los demás países de izquierda de América Latina mediante el ALBA.

Los manifestantes aplaudían y gritaban de alegría, también les dijo que la nueva fuerza política de izquierda que ha formado en Honduras se encargará de que se cumplan los acuerdos que firmó en Cartagena con el presidente Santos y el Ministro de Relaciones Exteriores de Venezuela señor Maduro que representó a Chávez por encontrarse enfermo; este acuerdo doblegó al que fuera el "primer pueblo heroico del siglo veintiuno", qué pena y qué gran problema el que viene para el mundo, felicitaciones a la izquierda mundial y, en especial, al señor Insulza de la OEA que trabajó arduamente para que Honduras se viera forzada a caer en el Socialismo del siglo XXI.

A partir de ahora, sobre todo por la actitud del actual presidente Lobo, quien está permitiéndoles todas las facilidades para que avancen en sus macabros planes, veremos al pueblo hondureño hermanándose con los nicaragüenses y venezolanos en su sufrimiento y miseria, veremos de nuevo que no solamente por la ruta de Nicaragua, sino que también por la de Honduras será la vía principal para enviar drogas a EE. UU., ahora la izquierda, con lo que ha logrado, está a un paso de obtener sus objetivos principales de instaurar un gobierno de izquierda, pronto lo veremos.

Honduras, al igual que ha sido secuestrada Cuba, Nicaragua y Venezuela, pronto será también secuestrada y lo triste será que no es por un periodo presidencial, sino por décadas como le ha pasado a los países ya secuestrados, las inversiones hacia Honduras comenzarán a caer, la pobreza aumentará; es fácil predecir que el crecimiento de Honduras a partir de la llegada de Zelaya se tendrá que paralizar, lamentablemente para los hondureños, sufrirán al igual que ha pasado en cualquiera de los países ya secuestrados, ¡qué torpeza la del presidente Lobo! ¡Qué maldad la del señor Insulsa!

El Nuevo Herald del 30 de mayo de 2011 informa: **"Zelaya recibido como un héroe en Honduras".**

El regreso de Zelaya es, en realidad, el triunfo de José Miguel Insulza de la OEA, de Irán, Venezuela, Nicaragua y Cuba, *El Nuevo Herald* también informó:

> *Lo que no entiende mucha gente en el mundo es que ellos (Zelaya y Lobo) son amigos, ellos estudiaron en la escuela juntos, entonces se conocen desde la escuela primaria y a lo largo de 30, 40, 50 años sus familias en Olancho han tenido una muy buena relación personal.*

Zelaya ha afirmado en sus entrevistas a los medios de comunicación que lo primero que hará es lograr una nueva constitución para que Honduras sea libre. Esto hará caer al heroico pueblo hondureño hacia el socialismo para así hermanarse con Nicaragua y los demás países del ALBA y de la izquierda mundial. Al caer Honduras se avecinan décadas muy difíciles para toda América y posiblemente para Europa.

Las drogas, el crimen, los secuestros, etc., se incrementarán en Honduras de forma alarmante, esta es una de las estrategias de la izquierda que aprovechará al máximo para desestabilizarla.

Debería haber una responsabilidad mundial, y en especial de EE. UU., para evitar que caiga el noble pueblo de Honduras, si Honduras —cuando Zelaya fue su presidente— se convirtió en una de las mejores rutas que los narcotraficantes utilizaban para enviar drogas a EE. UU., imaginemos lo que será cuando estén enviando a EE. UU. miles de terroristas entrenados en las montañas de Nicaragua y Honduras, y a esto súmesele la numerosa población de El Salvador.

Aquí lo publicado por *El Nuevo Herald,* el jueves 2 de junio de 2011, sobre lo que el valiente exsubsecretario de estado señor Noriega dijo:

Noriega: Chávez lanza nueva ofensiva contra Honduras
(Antonio María Delgado)

El presidente venezolano Hugo Chávez emprendió una nueva ofensiva en Honduras, financiando "agentes" y promoviendo el llamado a una Asamblea Constituyente, en un renovado intento por convertir al país centroamericano en el nuevo bastión del "socialismo del siglo XXI", alertó el exembajador de Estados Unidos ante la OEA, Roger Noriega.

El diplomático, un aguerrido crítico del régimen de Caracas, dijo en una entrevista estar muy preocupado ante las maniobras emprendidas por Chávez para tratar de promover su "modelo autoritario populista" en Honduras, destinando para la tarea lo que podría llegar a sumar cientos de millones de dólares.

Es un intento que en esta ocasión parece estar funcionando, advirtió Noriega: "Mi pronóstico es muy negativo", admitió el diplomático. "Los agentes de Chávez van a sembrar el caos y la división política para neutralizar a los factores políticos tradicionales del país. Es un plan que en este momento está en pleno desarrollo y que está teniendo éxito".

Noriega explicó que las fuerzas del chavismo parecen haber aprendido las lecciones de hace dos años, cuando el expresidente

Manuel Zelaya fue removido del poder por tratar de aplicar el modelo diseñado en Caracas, al convocar inconstitucionalmente a un plebiscito para prolongar su permanencia en el poder.

En esta ocasión los "agentes de Chávez" están promocionando activamente una enmienda a la legislación que regula los plebiscitos y preparando el camino para una Asamblea Constituyente, organismo que ha sido fundamental en la implementación del modelo chavista en los países del ALBA, dijo y continuó:

"Todos los instrumentos de seguridad que los hondureños utilizan para defenderse del populismo autoritario hace dos años están siendo desmantelados", comentó Noriega. "Y mi impresión es que el modelo va a ser el mismo modelo chavista".

Ese régimen de gobierno podría no ser presidido por Zelaya, quien regresó la semana pasada a Honduras tras permanecer durante un largo peregrinaje fuera del país.

El expresidente demostró tener serias deficiencias y su imagen se ha desgastado desde que fue removido del poder, dijo.

"Creo que Zelaya es la noticia de ayer", comentó Noriega. "Los venezolanos, y todos los demás que han tenido que trabajar con él en los últimos dos años, están cansados de él y lo más probable es que le apuesten a un nuevo caballo".

Ese caballo podría provenir del denominado Frente Nacional de Resistencia Popular (FNRP), organización creada como reacción a la destitución de Zelaya que ahora está en vías de constituirse en un nuevo partido con miras a ganar las elecciones presidenciales de 2013.

Noriega señaló que los agentes del chavismo no están escatimando esfuerzos por dividir a los existentes partidos políticos tradicionales, y a quienes actualmente respaldan al actual presidente electo del país, Porfirio Lobo.

Esto está ocurriendo bajo la vista de dirigentes políticos tradicionales, algunos de los cuales han expresado su desacuerdo con el planteamiento de adoptar un modelo autoritario populista en el país.

"Pero temo que la resistencia a estos esfuerzos será reprimida a través de las presiones de grupos violentos, sobornos u otros instrumentos que Chávez tiene en su caja de herramientas para contrarrestar los esfuerzos de resistencia, tal como ha sucedido en otros países", expresó.

"Todo lo que está sucediendo hoy es el resultado de una intensa interferencia y presión ejercida por Chávez contra los actores políticos del país. El diseño de las huelgas y la violencia viene de Caracas", añadió.

Es un proyecto que también es bien financiado.

Según informaciones de inteligencia recogidas por Noriega, Venezuela ya ha aportado grandes cantidades de dinero para financiar a los agentes que tiene en Honduras.

Es difícil calcular la cantidad de dinero que el régimen presidido por Chávez ha dedicado a este proyecto político.

"Pero ellos gastaron 1000 millones de dólares para fortalecer al presidente nicaragüense Daniel Ortega, y es posible que estén dispuestos a gastar cientos de millones de dólares para garantizar que Chávez esté en condiciones de ampliar su influencia en Honduras.

Por otro lado, Venezuela ha tenido éxito en sus esfuerzos diplomáticos para mantener a Honduras aislada, hasta el punto de obligar a Lobo a pactar con Chávez para de esa manera abrir finalmente el regreso del país centroamericano a la Organización de Estados Americanos (OEA).

Según Noriega, todo esto ha ocurrido bajo una complicidad repugnante de la comunidad internacional.

"Es una asquerosa muestra de hipocresía por parte de la comunidad interamericana", expresó el diplomático.

"Todo esto fue diseñado por Venezuela, pero la obstaculización del reconocimiento de un gobierno electo democráticamente, mientras las dictaduras en Cuba y Venezuela son bien recibidas en la OEA, es francamente una muestra de hipocresía que revuelve el estómago", comentó.

Noriega también mostró desacuerdo con lo que ha sido una postura muy tibia por parte del Departamento de Estado ante lo que está sucediendo en el país centroamericano.

El diplomático admitió haberse sorprendido ante un reciente pronunciamiento del subsecretario de Estado para Asuntos del Hemisferio Occidental, Arturo Valenzuela, quien agradeció a Venezuela por sus esfuerzos para ayudar a Honduras a retornar a la OEA.

Noriega dijo que ese agradecimiento es inconsistente con la manera en que el acuerdo fue conseguido, tras obligar a Lobo "a rogar de rodillas el perdón de Chávez" para poner fin al aislamiento diplomático, y con las recientes sanciones impuestas contra Venezuela por su colaboración con Irán en sus aspiraciones de desarrollar armas nucleares.

También muestra el desgano sentido por Washington hacia lo que sucede en el país centroamericano, señaló.

"Un país como Honduras, que tradicionalmente ha sido proestadounidense, que tradicionalmente ha sido receptivo ante los intereses de Estados Unidos, ha sido abandonado a su suerte, quedando indefenso ante las pretensiones de Chávez [...] Esto es un nuevo punto bajo en la influencia de Estados Unidos en la región", comentó.

Hasta aquí lo publicado en *El Nuevo Herald*.

Lo que olvidó informar el señor Noriega fue que la izquierda mundial pretende, a través de Irán, Venezuela, Nicaragua y Cuba, ocupar las montañas de Honduras y Nicaragua para entrenar a miles de terroristas que atacarán EE. UU., este es un plan similar al que los sandinistas llevaron a cabo con las FARC, FMLN y otros en la época del presidente Carter, para invadirlos con drogas. Ahora el nuevo plan es atacarlos con terroristas.

Es una pena que no exista una protesta mundial contra la OEA por haber obligado al heroico pueblo de Honduras a arrodillarse ante sus principales jefes: Hugo Chávez y José Miguel Insulza. El presidente hondureño Porfirio Lobo tuvo que asegurar que Zelaya podía regresar al país sin condiciones —eliminándole los juicios pendientes— lo cual es un atropello al sistema judicial de Honduras.

Mientras la OEA se ensañó contra Honduras y la obligaron a arrodillarse ante Chávez e Insulza para aceptarla nuevamente en la OEA; a Cuba se le aceptó regresar porque lo pedían Chávez y Daniel Ortega, sin importarles ninguna de las violaciones de ese país gobernado por tiranos desde hace más de 50 años.

Desde 1962 Cuba fue suspendida de la OEA por causa de la dictadura comunista que estaba implantando y que naturalmente era incompatible con los principios del sistema interamericano, sin embargo siguió siendo miembro de la organización, en cambio con Honduras se suspendió su membrecía cualquiera que fuera su gobierno, a pesar de que Porfirio Lobo fue elegido democráticamente por la mayoría del pueblo hondureño en unas elecciones completamente transparentes.

El 4 de junio de 2011 fue publicado en el *Diario Las Américas*, la reunión de la OEA en El Salvador, donde Insulza comunicó a la prensa: "Cuba es parte de la OEA y recuerda que en 2009 se decidió su reincorporación al Sistema Interamericano tras levantar la suspensión decidida desde 1962".

Esta acción de la OEA, hoy manejada por la izquierda, demuestra que para favorecer la estrategia de la izquierda invocaron la Carta Democrática Interamericana a pesar de que la destitución de Zelaya fue completamente legal por no permitir la constitución la reelección que necesitaba hacer Zelaya para fortalecer los avances de la izquierda en la región centroamericana.

Ojalá que el mundo pueda ver con claridad este juego de Insulza, Chávez y Ortega, que más claro no pudo haber sido; es de esperarse que el presidente de Chile al revisar el tema de Honduras pueda sustituir a Insulza para que no siga causando más perjuicio en contra de la democracia, Chile no puede prestarse a que la OEA pueda destruir más países.

El heroico expresidente de Honduras, Roberto Micheletti, advirtió del peligro que significan los petrodólares venezolanos.

El *Diario Las Américas* publicó el 1.º de abril de 2011:

Micheletti advierte del peligro de "mesías" con petrodólares venezolanos

El expresidente de Honduras, Roberto Micheletti, advirtió del peligro del surgimiento de "mesías" en América Latina que, según él, obtienen el poder político apalancados con los "petrodólares" venezolanos.

"Quiero advertir a Latinoamérica que están apareciendo

145

nuevos mesías con un mensaje bañado de dinero (...). Están incrementando sus posibilidades de conquistar a nuestros pueblos a través de los petrodólares que tiene el señor (presidente Hugo) Chávez en Venezuela", dijo a EFE Micheletti en una entrevista telefónica.

El exgobernante hondureño participó, a través de Skype, en el foro internacional "Antídoto para el Socialismo del siglo XXI", que se celebra en Weston, al norte de Miami, con la asistencia de políticos y expertos de Colombia, Ecuador y Venezuela.

"Pienso que el mundo entero sabe que Chávez está extendiendo su poder a través de los dólares que produce el petróleo del pueblo de Venezuela", enfatizó el político.

Micheletti recomendó a los latinoamericanos mantener "el espíritu democrático" que ha caracterizado a la región y evitar creer en esos "mesías", quienes en vez de buscar el bienestar de los pueblos, solo "persiguen el poder".

Otra de sus sugerencias es utilizar las normas constitucionales de las naciones para combatir el avance del llamado Socialismo del siglo XXI que en su opinión "no es más que una continuación del comunismo de Cuba".

En el caso de Honduras, precisó a EFE, la constitución contiene artículos que no permiten juzgar a un presidente, sino destituirle inmediatamente "cuando está promoviendo este tipo de políticas que no son democráticas".

"El caso de este señor (el expresidente hondureño Manuel Zelaya) que despilfarró" dinero público y "no se sabe hasta este momento cómo y en qué se gastó", recordó.

Zelaya fue destituido en junio de 2009 y acusado de un presunto desvío de fondos públicos para promover una campaña para una consulta popular con el fin de instalar una Asamblea Constituyente.

146

Micheletti, quien en el momento de la destitución era titular del Parlamento hondureño y terminó ejerciendo como presidente de facto, durante los siete meses que le restaban de gobierno a Zelaya, aseguró que Honduras utilizó su constitución y negó que se tratara de un golpe de estado.

"Lo que no pudo hacer Nicaragua, Bolivia, Ecuador y Venezuela, lo hicimos nosotros: detuvimos a ese monstruo que a través del dinero está tratando de satisfacer el ego, la prepotencia y la soberbia de ciertos líderes en América Latina", afirmó.

Para el abogado colombiano José Obdulio Gaviria, ese socialismo es el "comunismo del siglo XIX, un sistema que pretendería que Latinoamérica recorra el mismo camino que recorrió Rusia y Cuba".

Alertó que se trata de un régimen sin reglas, que ha propiciado un estancamiento del crecimiento económico, el empobrecimiento de los pueblos y ha vulnerado las libertades.

"La situación de Venezuela es caos absoluto. Nicaragua es un caso patético y lo que estaba ocurriendo en Honduras antes de que asumiera el gobierno el presidente Micheletti era un paralelo", dijo a EFE el antiguo asesor del exmandatario colombiano Álvaro Uribe (2002-2010).

Gaviria pronosticó que "los pueblos de América Latina, sometidos al yugo del llamado Socialismo del siglo XXI van a vivir procesos similares a los que se están dando en el mundo árabe", en referencia a las recientes revueltas populares en esa región.

"Derrocar es constitucional, es recordarle a los pueblos que hay normas, incluso internacionales, que legitiman una rebeldía contra los regímenes que desbordan la constitución y los derechos humanos", expresó.

Leonardo Viteri, diputado opositor de Ecuador, dijo que se debe presentar una alternativa de cambio a los países que "están embarcados en esta novelería del Socialismo del siglo XXI".

"Ha sido un verdadero desastre. En Ecuador lo estamos sufriendo porque estamos perdiendo nuestras libertades, sucede igual en Venezuela, en Bolivia, en Nicaragua. Es la misma receta: la franquicia chavista que tiene su ancla en otros países", dijo a EFE el político.

El antídoto, dijo, es utilizar los mecanismos de las constituciones que permiten "un derrocamiento constitucional a través de una consulta revocatoria", concitar la unidad de los partidos políticos y organizar la sociedad. El foro se realizará también en Colombia, Nicaragua, Panamá, Perú, Chile, Uruguay, Paraguay y Argentina.

Hasta aquí el reportaje.

Si al peligro que significa para la región los petrodólares de Venezuela, le agregamos la importancia que tiene para Irán los territorios de Nicaragua, Honduras y El Salvador, comprenderemos que en el momento que caiga Honduras, la región se convertirá en la mayor productora de terrorismo cuyo destino principal será Estados Unidos.

CAPÍTULO XIII

Las equivocaciones de los inocentes

Hay muchos pueblos inocentes que son víctimas de los líderes populistas porque le creen todas sus promesas de mejorar sus vidas, crearles trabajos, justicia y castigar al rico, culpable de la desgracia del pobre.

¡Cuánta mentira!, ¡cuánto cinismo!, ¡cuánto veneno!, en las palabras de estos líderes populistas; tenemos el caso de Rodríguez Zapatero —de España—, por ejemplo, quien logró convencer, al pueblo español de por sí "antiestadounidense", de que el presidente Aznar fue responsable de la entrada de España en la guerra contra el terrorismo apoyando a Estados Unidos.

El pueblo español olvidó que fue el expresidente socialista Felipe González, quien en 1991 metió a España en la guerra con soldados de reemplazo, en cambio Aznar solo envió un buque hospital con soldados profesionales.

Rodríguez Zapatero afirmaba en sus discursos que era ilegal que Aznar hubiera llevado a España a esa guerra a pesar de que fue una decisión de la ONU la que respaldó la acción, muchos españoles le creyeron. Ahora Rodríguez Zapatero está respaldando la guerra de Iraq que, según él, se transformó en misión humanitaria en Afganistán.

Qué dirán los españoles sobre las promesas de sus discursos de que nunca más el pueblo español dejaría de tener

149

trabajo, hoy, en el primer trimestre de 2011, España tiene más de 6 millones de personas sin trabajo y sin ninguna perspectiva inmediata para mejorar, solo para empeorar. Rodríguez Zapatero está entregando el poder a un partido de derecha que representará el señor Rajoy con más de seis millones de parados y una economía completamente destruida.

Rodríguez Zapatero, cumpliendo con las doctrinas socialistas, entregó a los sindicatos miles de millones de euros irresponsablemente. Acusaba a los estadounidenses de su "capitalismo salvaje" al igual que lo hacen Chávez, Castro, Ortega y otros tiranos.

Tanto el gobierno socialista de Felipe González como el de Rodríguez Zapatero han propiciado y respaldado a gobiernos de izquierda como el de Cuba, Nicaragua y Venezuela, solo para mencionar tres países secuestrados por la izquierda en el continente americano.

Felipe González, presidente de España, conjuntamente con Carlos Andrés Pérez, presidente de Venezuela; López Portillo, presidente de México; Jimmy Carter, de EE. UU.; Fidel Castro, de Cuba y otros presidentes de izquierda, lograron que los sandinistas secuestraran y destruyeran a Nicaragua, ellos fueron los verdaderos responsables de la desgracia del pueblo nicaragüense.

Rodríguez Zapatero propició desmantelar los monumentos que se habían construido al generalísimo Francisco Franco, para causar más odio, su gobierno ha propiciado que se desentierren socialistas que fueron fusilados en la guerra de Franco contra los rojos españoles, pero por supuesto Zapatero y los socialistas no hablan de los miles de españoles que injustamente fueron fusilados y quemados por los rojos cuando estos pretendían que España fuera otra Rusia.

Por supuesto que los socialistas, y a la cabeza Zapatero, no mencionan las iglesias quemadas repletas de gente y los crímenes que los socialistas cometieron contra sacerdotes y miles de españoles que no querían que España fuera otro país de la órbita rusa.

El coqueteo de la izquierda española con los miembros terroristas de la ETA ha sido siempre propiciado por los gobiernos socialistas, esto ha causado mucho problema para España y muchos otros países.

Mientras que el gobierno socialista de Zapatero permitió que dejaran en libertad a una pareja de etarras que estaba en prisión y no podían tener hijos para que con un tratamiento de fecundación artificial pudieran, en la tranquilidad del hogar, tener su hijo; Rodríguez Zapatero firmó la ley en favor del aborto, la que legaliza que una niña de 16 años pueda abortar sin el consentimiento de sus padres. También firmó la ley que permite a los homosexuales contraer matrimonio y adoptar niños. Muchos funcionarios públicos ya no juramentan sobre la *Biblia* al ocupar sus cargos, ahora lo hacen sobre los principios del socialismo.

Hoy millones de españoles piden la destitución de Zapatero, le piden eliminar a los 260 senadores que consideran inoperantes y que cuesta al país millones de euros.

Alemania solo tiene 100 senadores, Noruega, Suecia y Dinamarca no tienen senado, EE. UU., tiene un senador por cada estado, muchos españoles consideran que deben eliminarse las Comunidades Autónomas porque son el agujero negro de la economía, nadie controla sus gastos y son base importante de la corrupción.

Para reparar los daños que los socialistas hacen en el mundo es necesario que la derecha regrese a gobernar para que lo antes posible vuelva a encarrilar el país y se incrementen los puestos de trabajo y la mejoría de los pueblos.

Esta desgracia mundial que tenemos con las izquierdas, lamentablemente, permanecerá muchas décadas más hasta que el ser humano llegue a comprender que no se puede construir, destruyendo, no es con el odio como se puede crear la paz; no es con la mentira, la calumnia como se puede construir un mundo mejor, no es robando ni dejando de incentivar la producción como se puede mejorar a los pobres.

En las elecciones recientemente celebradas en España —en el mes de mayo de 2011— los socialistas han recibido un tremendo castigo al perder todos los controles menos la presidencia, que dicho sea de paso están obligando a Zapatero a que convoque lo antes posible a elecciones para que entregue el poder.

Bendito sea Dios que España ha sabido reaccionar, esperamos, por el bien de España, que se alejen de la izquierda que solamente produce miseria y dolor, ojalá que nunca más los socialistas tomen el poder para que no vuelvan a sufrir los españoles, felicidades pueblo español, que pronto puedan volver al camino de la prosperidad por donde los llevó en el pasado el presidente Aznar. Esperamos que los socialistas españoles no entorpezcan con sus calumnias, mentiras y manifestaciones, la recuperación que tiene que hacer ahora la derecha para sacar a España de la profunda sima donde la han dejado.

CAPÍTULO XIV

La transformación del ser humano

¿Por qué la izquierda, aprovechándose del miedo que infunden al capital y a la democracia, logra la transformación del ser humano? Esto lo hemos visto en todos los países dominados por estas doctrinas. La izquierda trabaja para dominar al mundo y es por eso que en las escuelas públicas, principalmente, adoctrinan a los niños enseñándoles que es el capitalismo y son los estadounidenses los causantes de la injusticia y pobreza de ellos y de sus antepasados.

El odio contra el empresario, contra el hombre de éxito, lo desarrollan en cualquier oportunidad que encuentran, principalmente en las escuelas y universidades. Los pueblos no se percatan de lo rápido que pasan de la pobreza a la miseria, cómo cambian sus tradiciones, el amor por su familia, cómo su apatía los lleva a perder sus valores.

El sistema socialista los lleva rápidamente a convertirse en ojos y oídos de los tiranos, fácilmente se convierten en personas irresponsables, haraganas, peligrosas, irrespetuosas, cínicas; muchas de ellas forman parte del crimen organizado donde ven oportunidades de robar, secuestrar, asesinar... saben que la justicia no estará detrás de ellos, que algún miembro del partido los sacará de las cárceles, en realidad los tiranos se hacen de la vista gorda respecto al incremento de

153

los crímenes, pues cuantas más personas inconformes salgan del país mejor para el tirano y la doctrina del socialismo.

Hemos visto en América Latina, para no hablar de otras regiones, cómo los pueblos se mantienen con miedo, en pocos años logran que miles de sus militantes se conviertan en personas peligrosas, agresivas, personas que infunden miedo, cuando se está alrededor de ellos, nunca se sabe con qué mentira o calumnia llegarán a acusarlos frente al grupito que rodea al tirano.

Lamentablemente, es harto difícil que en los países secuestrados se logre desarrollar un líder opositor, por lo general los asesinan o bien los destruyen con calumnias y obstáculos, para hacerles más difícil su vida dentro de su país.

Los medios de comunicación —que por lo general están en su mayoría controlados por la izquierda— desarrollan campañas de mentiras, de calumnias contra cualquier líder que se quiera desarrollar, protegen la comisión de injusticias, los robos, los crímenes con tal de que no se vea afectado el partido y logren avanzar en sus malignos propósitos.

Los líderes de izquierda son directa o indirectamente delincuentes, asesinos, ladrones y junto con ellos podemos agregar a varios cientos del partido, entre todos se especializan en cambiar al ser humano hacia un nuevo ente que sea la imagen de la voluntad del tirano.

¡Ya basta!, deberíamos decir a grandes gritos los que no estamos con esa maldita doctrina, deberíamos concientizarnos que cada año que se mantienen en el poder destruyen miles y hasta cientos de miles de personas para convertirlos en millones de jóvenes y adultos que defenderán los principios socialistas, es decir, la izquierda en cualquiera de sus manifestaciones.

Cambiar a este ser humano, que fácilmente destruyó la izquierda, toma generaciones, por eso se puede ver el atraso existente en países que han sido secuestrados y luego se han liberado; no es fácil cambiarle la mentalidad a una persona que desde niño se le ha enseñado que son los capitalistas, los estadounidenses, quienes les han robado, explotado a sus padres y que por eso ellos ahora son pobres, que no tienen hospitales, comida, techo, etc. Les enseñan desde niños a odiar.

La familia, que es el bien más preciado para una nación y que gira en torno a la humanidad, está en verdadera crisis por el avance que han tenido los socialistas en el mundo; la juventud no está recibiendo el buen ejemplo que una nación debe dar a sus conciudadanos, la corrupción, los robos, el cinismo y el "yo qué pierdo" es el ejemplo que hoy recibe nuestra juventud, sus valores han sido destruidos, los están transformando en un "hombre nuevo" sin valores, sin religión, sin principios, sin obligaciones.

Sus padres ya no cuidan con el amor familiar que deben recibir sus hijos, el destrozo que ya han realizado los socialistas sobre sus principios y creencias los han destruido, fácilmente podemos ver en cualquier parte del mundo cómo los socialistas son capaces de concentrar miles de sus adeptos para destruir, para irrumpir en los procesos de paz y progreso; solo en 2012 lo podemos ver en España y Chile, donde gobiernos de derecha tratan de corregir los destrozos realizados por los gobiernos socialistas.

Los socialistas han enseñado a sus adeptos a trabajar poco, a protestar por cualquier cosa, a irrespetar a sus jefes, a exigir más vacaciones, a obtener más seguros gratis, a robar, en fin, a lograr poco a poco su propia destrucción que es donde realmente se fortalecen los socialistas políticamente.

En algunos países la izquierda ha logrado seleccionar aquellos opositores que pueden corromper con prebendas y mucho dinero para que aparenten mantener una oposición al régimen, que en realidad utilizan para "legalizar" las actuaciones del tirano; son realmente una pandilla de payasos y malos hijos de la patria. Lo triste es que sabiendo el perjuicio que causan a nuestras familias, a la patria, nos acomodamos a ellos con la esperanza de que no nos toquen, que no nos destruyan.

Ahora, en 2012, que la derecha hace sus mejores esfuerzos para salvar a España de una inmensa crisis provocada por los socialistas, estos son tan cínicos que buscan en cada oportunidad que tienen entorpecer el intenso y genuino trabajo del señor Rajoy y su gobierno, se puede apreciar el cinismo con que los socialistas los atacan.

¡Qué error! Solo la existencia de una izquierda en cualquier país del mundo, ya representa un retroceso en la destrucción del ser humano, en lo económico, en lo religioso, etc., la recuperación tarda décadas, cuanto más tiempo estén en el poder, más larga será la recuperación del país, la mayor parte de las veces tendrán que pasar varias generaciones.

Tenemos que aprender a derrotar la frivolidad, la hipocresía, el robo, la calumnia, la mentira, el cinismo que son las armas principales de los izquierdistas, ese cinismo con que nos han hecho creer que la víctima vale menos que el delincuente.

La izquierda, con solo tomar el poder, ha demostrado en varios países la destrucción que logran en la población; después que gobiernan, se requieren varios gobiernos de derecha para convertirlos nuevamente en hombres del bien, respetuosos, trabajadores y no como estaban, haraganes, cínicos, corruptos, etc.

Algunos nicaragüenses conversando en una reunión política, decían: "¿Hasta cuándo estaremos padeciendo el régimen sandinista? ¿Cuándo nuestro pueblo dirá que no queremos seguir siendo el país más pobre del continente americano?". ¿Será posible que no lo comprendan o será que el pueblo nicaragüense, con más de treinta años de secuestro, es ahora un pueblo indolente? En realidad los pueblos acomodados a los regímenes tiránicos no pueden llamarse ¡patriotas!

Algo debemos hacer, si reconocemos que es en el ejército o Fuerzas Armadas donde está el problema de la nación, hagamos campañas para eliminarlos, la acción se justifica, no es posible ni justificable que la educación y la salud estén sacrificadas para tener un ejército cuyo único objetivo es respaldar al tirano. El futuro existe para esos países si llegamos a comprender dónde está nuestro mal, nuestra desgracia y si con hombría, constancia y creatividad, de forma mancomunada decidimos salvar nuestras naciones.

Alcemos nuestras voces, utilicemos los medios a nuestro alcance, no es posible que por nuestra pasividad NO dejemos un país libre a nuestras descendencias, sino que les dejemos un país inservible, sin futuro, sin justicia, que solo tiende a empeorar tal y como les ha pasado a varios países secuestrados por la izquierda, y se necesitan generaciones para encausarlos nuevamente.

He llegado al convencimiento de que por cada diez años de gobiernos de izquierda, los pueblos, además de retroceder, tienen que sufrir más de treinta años, es decir, el pueblo de Cuba con más de 50 años deberá sufrir por lo menos unos ciento cincuenta años, se necesitan más de dos y hasta tres generaciones para arrancar el mal sembrado por los socialistas.

La lucha de los izquierdistas por vivir sin obligaciones y gozar sin trabajar, ha empobrecido al mundo, sus consecuencias han sido gravísimas en Europa, América Latina, Asia, URSS, en fin, en cualquier parte del planeta donde han imperado sus doctrinas. ¿Qué más necesita el ser humano para comprender que la izquierda es la doctrina del mal?

La maldita izquierda está en los medios de comunicación, en la economía, en la religión, en los estudiantes, está en todas partes, sus líderes siempre planeando cómo mantener a la población encerrada en sus convicciones socialistas.

Nuestros antepasados lucharon para legarnos un mundo mejor, sus esfuerzos siempre estuvieron encaminados a construir algo mejor para nosotros; ¿y ahora qué? Hagamos líderes, recordemos que los líderes se hacen, no nacen, apoyémoslos, defendámoslos, no busquemos cómo destruirlos, que la envidia no prevalezca en nuestros corazones.

Cuando vivimos en países secuestrados, el ser humano está a la deriva, sin rumbo, sin esperanza, con miedo, con tristeza, mientras otros países progresan, los países secuestrados NO, por eso y más debemos levantarnos con nuestras ideas, creando nuestro líder, ahora hay muchos medios para combatirlos, tenemos a Internet que cada día sorprende al mundo con los resultados que se obtienen sobre todo en países secuestrados.

La grandeza que existió antes de que nuestros países fueran secuestrados, simplemente desapareció, la indolencia se ha convertido en cómplice de los regímenes tiránicos, esperamos que otros lo hagan, que otros tengan el valor de protegernos, actuamos como el avestruz. Si, por el contrario, cada uno contribuye con algo que ayude a nuestra libertad, algo grande pasará en poco tiempo.

Cuando encontremos un reportaje en TV o un libro que ayude a comprender el mal que hacen los izquierdistas, ayudemos a propagarlo, no seamos tímidos o indolentes, si nos ha gustado el reportaje o el libro que leímos, propaguémoslo entre nuestros familiares y amigos, sintamos que es una obligación de conciencia para el beneficio de las futuras generaciones.

CAPÍTULO XV

Por qué existe la pobreza

Si observamos la historia del mundo, nunca encontraremos un país que haya sido tomado por las izquierdas que no haya pasado de una situación de pobreza a miseria, injusticias, asesinatos, robos, corrupción y secuestro durante varias décadas.

Los países que fueron de la órbita soviética, han sufrido casi un siglo y posiblemente tendrán que seguir sufriendo por más tiempo; más recientemente lo podemos ver con uno de los países más ricos de América Latina, Venezuela, hoy empobrecida, llena de corrupción, de criminalidades, injusticias, etc., gracias a su famoso Socialismo del siglo XXI.

El 6 de diciembre de 2012 en la sección "Primer Plano" de *El Nuevo Herald*, se puede leer: **"Venezuela entre los países más corruptos"**, después se refiere, entre otros países, a Nicaragua, declarándolos los más corruptos del continente, también en el *Diario Las Américas*, el mismo 6 de diciembre de 2012, aparece en grandes titulares: **"Venezuela y Nicaragua entre los más corruptos de América Latina"**.

La pobreza es causa y responsabilidad directa del socialismo, como lo podrán comprobar a través de la lectura de este libro. El Socialismo recurre a diferentes procedimientos para confiscar, cerrar, multar, intimidar, neutralizar, censurar, etc., que al final llevan a la pobreza, es fácil comprender que si

159

usted dispone de un pequeño o gran capital, no lo puede invertir a largo plazo en países socialistas, porque la probabilidad es que lo pierda o bien sus descendientes no lo disfrutarán y mucho menos lo harán crecer. Sigamos con mucho interés lo que le pasará a Colombia ahora que los socialistas han logrado llevar a la mesa de negociación a las FARC en nombre de la "paz" (2012).

Nadie puede dejar de reconocer la labor que hizo el presidente Álvaro Uribe en Colombia, combatiendo a los terroristas y narcotraficantes de las FARC al punto de que cuando entrega la presidencia a Juan Manuel Santos, Colombia no solo había conquistado la seguridad y la paz en todo el país, sino que también había reducido a la mínima expresión a los terroristas de las FARC, la economía de los colombianos se distinguía como una de las más prósperas y de grandes oportunidades para invertir en toda la región.

Ahora que, en nombre de la "paz" (que no existirá), se está negociando con las FARC para que entren al juego político, desde donde conquistarán el poder al igual que lo hicieron los sandinistas, los chavistas, etc., tienen que ser muy ingenuos los colombianos si piensan que en unas elecciones libres, las FARC, al identificarse como el partido de los pobres, el partido de la justicia, el partido que lucha contra la pobreza, contra los ricos, no ganarán limpiamente las elecciones, ¡están equivocados!, dentro del gobierno, los terroristas tendrán, con las leyes en las manos, el poder de destruir su sistema judicial, su sistema económico, al ejemplar ejército colombiano y, por consiguiente, Colombia pasará a ser otro país destruido por los socialistas. Qué ironía; conquistarán el poder con los votos democráticos y engañarán a miles de colombianos, al igual que pasó en Nicaragua que, "en nombre de la paz", la presidenta Chamorro les permitió gobernar desde abajo, para que después tomaran el poder mediante los votos.

Los medios de izquierda se encargarán de borrar la imagen de terroristas, corruptos, narcotraficantes, secuestradores y criminales que tiene las FARC a nivel mundial, para lo cual, muy astutamente han seleccionado a la holandesa Tanja Nijmeijer, de rostro dulce —que pareciera que no mata una mosca— para hacerla líder de la organización que lucha por las injusticias del capital y no como lo que es, al pertenecer a la organización de terroristas, secuestradores y criminales de las FARC, son tan astutos que la quieren convertir en el símbolo del "Che Guevara" de la revolución colombiana.

En América Latina, ya la mayoría de los países son "socialistas" tenemos a Cuba, Nicaragua, El Salvador, Venezuela, Ecuador, Bolivia, Argentina, Uruguay y próximamente Honduras y Colombia, con algunos cuantos más que, si no han caído, caerán más pronto de lo que nos imaginamos por la supuesta tolerancia confundida de la democracia.

¡Qué podemos hacer! Solamente cuando el empresario, el hombre auténticamente democrático, responsable y con altos valores familiares llegue a comprender que la izquierda avanza peligrosamente y que son los verdaderos enemigos de la humanidad, y que sus acciones solo engendran miseria, injusticias y corrupción en nuestro planeta, entonces es que el mundo se podrá salvar de estas lacras humanas.

Hasta que se comprenda que los socialistas, o sea, la izquierda mundial es la causa de los desastres del mundo, es que el mundo, con grandes esfuerzos, poco a poco, podrá avanzar en el progreso que se requiere para combatir la pobreza.

No existe ni un país del mundo gobernado por la izquierda que no haya sufrido de miseria, injusticias y las pocas excepciones como fue, por ejemplo, el caso de Chile, se debió a la buena formación de su ejército.

Lamentablemente, en España los socialistas han destruido

más del 50% de los valores que distinguieron al pueblo español en sus tradiciones, su religión, sus responsabilidades; a Dios gracias no han podido destruir la Corona española y penetrar el ejército, con la corrupción.

La pobreza es causa y efecto de la izquierda porque, en sus regímenes, las leyes las manejan a su antojo y conveniencia, la corrupción es su arma favorita a través del despilfarro, no ofrecen seguridad a inversiones de corto o largo plazo y por consiguiente el país vive sin la paz necesaria para producir y lograr una vida feliz.

El despilfarro de los socialistas, cuando controlan el poder político, es impresionante, la mayoría del pueblo se convierte en sus protectores a través de las urnas, ellos obtienen sus votos porque regalan al pobre comidas, planchas de zinc y algunas otras cosas que por supuesto en los gobiernos de derecha no lo hacen porque consideran que no es regalando como se combate la pobreza, sino más bien con educación, salud y trabajo.

Solamente cuando un país está gobernado por la derecha y no tiene la sombra destructiva de las izquierdas, es cuando el país avanza en su combate contra la pobreza, por muchas injusticias que puedan existir en los gobiernos de derecha, siempre son más justos y progresistas, además, se pueden dictar leyes justas para resolver los problemas; sin embargo, en los regímenes de izquierda esto es imposible, y por esa razón es que los países en lugar de avanzar en el combate de la pobreza, la incrementan.

Si no luchamos contra la izquierda, estos arrasarán con nosotros como cuando desde una montaña nevada avanza una enorme avalancha de nieve, destruyendo todo lo que a su paso encuentra, o bien un bosque incendiado sin que nadie lo pueda apagar; así será destruido el sistema capitalista, la democracia y los avances que se han logrado en el mundo.

Ha sido edificante el importante reportaje que *El Nuevo Herald* ha publicado el 18 de diciembre de 2010, refiriéndose a la reunión que, en Santiago de Chile, hoy gobernado por el presidente de derecha, Jaime Piñeiro, tuvieron cuatro grandes líderes, baluartes indiscutibles de la lucha contra la izquierda, ellos son:

José María Aznar, expresidente de España; Álvaro Uribe ,expresidente de Colombia; Jorge Quiroga, expresidente de Bolivia y el escritor y premio Nobel Mario Vargas Llosa.

Aquí la publicación de *El Nuevo Herald*:

Fuego graneado contra Chávez en Santiago
(Por EFE)

El escritor peruano Mario Vargas Llosa y los exgobernantes José María Aznar, de España; Álvaro Uribe, de Colombia y Jorge Quiroga, de Bolivia, arremetieron el viernes contra el presidente de Venezuela, Hugo Chávez, y pidieron a Brasil que sea más activo ante las "amenazas" a la democracia.

Los cuatro coincidieron en Santiago, en un seminario sobre "El futuro de la libertad en un mundo global", organizado por la conservadora Fundación "Libertad y Desarrollo".

El Nobel de Literatura Vargas Llosa, que definió a Chávez como "anacrónico y risible", consideró que el mandatario venezolano no representa "la cara de la izquierda" latinoamericana actual, que a su juicio sí está encarnada por los gobiernos de Brasil y Uruguay y por los de la Concertación en Chile.

El escritor peruano dio por sentado que América Latina no va a seguir ni el modelo cubano, "que está en un proceso de desintegración", ni el venezolano, que en su opinión "es viejo" y "no funciona".

Sin embargo, alertó contra los "populismos con resultados catastróficos" que a su juicio están implantados en Bolivia,

163

Nicaragua y Ecuador, aunque consideró "un gran paso" que las dictaduras hayan dado paso a "democracias imperfectas" en la región.

Antes de la exposición de Vargas Llosa, Aznar dialogó con Uribe y Quiroga, donde el expresidente del gobierno español (1996-2004) identificó el "Socialismo del siglo XXI" como uno de los tres riesgos para la libertad en Latinoamérica, junto a la criminalidad y el narcotráfico.

El también presidente de honor del Partido Popular español confesó, a modo de anécdota, que en una ocasión el exmandatario estadounidense Bill Clinton le dijo que a él era la persona que más envidiaba en el mundo.

"No sabes lo que daría porque Chávez me insultara a mí como te insulta a ti", le dijo Clinton, según relató Aznar.

El exgobernante ensalzó la decisión de Brasil de "ser el país del presente y ejercer como uno de los nuevos poderes" globales, pero recalcó la importancia de que este país "esté en la buena orientación política".

En tanto, Uribe (2002-2010), que fue el único que evitó nombrar a Chávez, alertó sobre la existencia de "nuevas dictaduras en ciernes, que se proclaman como los líderes de la izquierda e incurren en los peores vicios de las dictaduras de derecha".

Al preguntársele por el papel de Brasil en la región, Uribe recordó que su gobierno apoyó la creación en 2008 de la Unión de Naciones Suramericanas (Unasur), concebida como un proyecto de Luis Ignacio Lula da Silva, pero exigió que esta organización rechazara los grupos violentos.

En una aparente alusión a Brasil, Uribe añadió que "un poder económico" debe también tener "una posición clara frente a los agresores de la democracia y a los cómplices del terrorismo", y criticó la estrategia del "apaciguamiento" diplomático que a su juicio se ha extendido en la región.

"Quisiera que (Brasil) fuera un vecino más activo cuando se vean abusos a la democracia", recalcó por su parte el expresidente de Bolivia Jorge Quiroga (2001-2002), quien consideró que Unasur se planteó como un espacio para dejar fuera a EE. UU. y México y "acorralar" a Uribe.

Quiroga aseguró que la influencia de Chávez está menguando a nivel internacional, pero su proyecto sí se está fortaleciendo dentro de sus cuatro "enclaves", que a su juicio son Bolivia, Cuba, Venezuela y Nicaragua.

Para Quiroga, el presidente venezolano, al que se refirió como "Cha", "es un problema, es un perjuicio, y la amenaza más grande a la libertad y la democracia en la historia de América Latina", y llamó a reformar la Carta Democrática Interamericana para hacerle frente.

Hasta aquí la publicación de *El Nuevo Herald*.

Los empresarios, los que participamos directa o indirectamente en construir un futuro mejor para nuestras generaciones, y todos aquellos que ambicionamos un mundo de paz que propicie la justicia, el trabajo, la honestidad, un mundo con Dios, debemos unirnos para combatir las pretensiones de la izquierda y sus tiranos, de destruirnos.

Aquí tenemos a estos cuatro hombres que se reunieron en Chile, quienes podrían llegar a formar una organización para defender la auténtica democracia con el apoyo del capital tanto de América como de España y, seguramente, de algunos otros países del mundo.

¡Empresarios del mundo, unámonos!

No olvidemos que la izquierda es la organización más grande del mundo y que dispone de gigantescas cantidades de dinero, los de la izquierda, aun sin conocerse o hablar el mismo idioma, se ayudan, lo que les importa es la causa que persiguen: destruir el sistema capitalista y a los estadounidenses.

Solo observemos cómo recientemente, en mayo de 2011, la izquierda mundial logró que Zelaya regresara a Honduras, doblegando así al que fue un heroico pueblo que luchó contra la izquierda.

Zelaya llega a Honduras perdonándosele todos los juicios que tiene pendiente con la justicia hondureña; el colmo fue que hasta el director de la OEA, José Miguel Insulza, con otros gobiernos de izquierda —Nicaragua, Venezuela, Cuba, Ecuador— llegaron a recibirlo como héroe, ¿estarán o no trabajando arduamente para que la izquierda triunfe? ¿Tiene alguien alguna duda?

Ante esta amenaza, se hace impostergable crear una organización que nos pueda defender, con expresidentes de la talla de los reunidos en Chile y excelentes periodistas e intelectuales como Carlos Alberto Montaner y Mario Vargas Llosa y políticos como el exsenador Lincoln Díaz-Balart y el embajador retirado Otto J. Reich y algunos otros más; sería una de las mejores instituciones que podría apoyar el capital para que no sea destruido.

Entre España, América Latina y la misma comunidad hispana de Florida y California, se podrían conseguir empresarios responsables y conscientes que puedan aportar los fondos necesarios para que tengamos una organización capaz de sufragar los gastos de su funcionamiento.

La organización tiene que tener suficientes fondos para que en cada país latinoamericano y ciudades importantes de España, tenga un representante que trabaje directamente con la organización central, con el objeto de que en el momento en que el sistema democrático sea atacado por la izquierda, tengamos los suficientes fondos para contratar espacios de TV, medios escritos, periodistas de derecha, etc., que puedan defendernos contra esos ataques. A cualquier país o ciudadano que sea atacado por la izquierda, nuestra organización, con sus propios fondos, lo defenderá.

Cada uno de los expresidentes debe recibir una remuneración, acorde con su investidura, que le permita estar en contacto permanente, ya sea físicamente o por otros medios, así como asistir un par de días cada trimestre o semestre a la oficina central para discutir entre todos algunos puntos claves para el bienestar de la democracia, a Dios gracias los adelantos en las comunicaciones permiten, a través de videoconferencias, hacer reuniones entre los interesados y discutir el tiempo que sea necesario, esto le facilitaría a estos grandes hombres mantener una colaboración estrecha y permanente con la oficina central.

El capital debe reconocer que sí existe un ataque permanente de la izquierda para destruirlos; por otra parte el capital no puede, en la mayoría de los casos, defenderse directamente por miedo a las represalias contra su propio capital o bien contra su vida o la de su familia, como es el caso de Cuba, Nicaragua y Venezuela, principalmente.

Hoy, en 2013, por ejemplo, están siendo atacados los gobiernos de derecha de Chile y España, en cada uno de esos países la izquierda dirige, azuza a estudiantes, sindicatos, etc., lo importante es no dejarlos gobernar para que salven sus países.

Debemos crear una fundación mundial sin fines de lucro, o bien organizarnos con alguna de las existentes, siempre y cuando cumpla con nuestros objetivos, para reunir fondos para luchar contra la izquierda, se aceptan sugerencias a: <gabrielantonioserrano@gmail.com>.

Para los capitalistas, tanto de España como de América Latina y Estados Unidos, comprometerse a aportar una cuota anual, por ejemplo, de diez o veinte mil dólares no sería nada imposible, pero sus resultados serían impactantes.

Con este aporte, que se realizaría por cientos de empresarios, se podría obtener un presupuesto de varios millones de dólares que se invertirían en nuestra defensa. O también se podría organizar un sistema que pueda colectar desde diez dólares en adelante con el objeto de lograr que miles de personas se puedan concientizar con esta importante causa.

La izquierda está logrando, sin que nos percatemos, la eliminación de los dos principales mandamientos de la ley de Dios. El primero: "Amarás a tu Dios sobre todas las cosas", el segundo: "Amarás a tu prójimo como a ti mismo".

El primer mandamiento lo atropellan de diferentes formas, entre otras; suprimen la religión de las escuelas, eliminan cualquier símbolo que represente a Dios, como el crucifijo que antes se veía colgado en cada aula de los colegios; en los colegios públicos no permiten ninguna enseñanza religiosa, aunque esta sea impartida por sacerdotes o monjas de forma voluntaria.

Luchan por obstaculizar las iglesias, cualquier sacerdote que no esté de acuerdo con ellos, se convierte en su víctima, algunos son asesinados como en el caso reciente, 2011/2012, de un sacerdote nicaragüense, aceptan el aborto, legalizan el matrimonio entre personas del mismo sexo, han eliminado el juramento que hacían los funcionarios públicos sobre la *Biblia*; en la España de Zapatero juramentaban sobre las leyes del socialismo.

En los países controlados por la izquierda o que quieren controlar y que sus ejércitos no han sido destruidos al 100%, como han sido los casos de Cuba y Nicaragua, observaremos miles de crímenes, robos, secuestros e inseguridad ciudadana. El segundo mandamiento lo atropellan logrando crear

168

el odio entre la familia, amistades y contra todos aquellos que no estén de acuerdo con su socialismo.

Hacen leyes que atropellan a todo un país, lo empobrecen a situaciones extremas, no importa lo rico que pueda ser, siempre lo llevan a la miseria; tenemos los ejemplos recientes de Venezuela y Yemen, solo para mencionar dos países donde, a pesar de ser petroleros, impera la miseria. La mentira, la calumnia y la injusticia la convierten en su estrategia principal, los crímenes, secuestros, etc., se multiplican, no le dan importancia, se hacen como dice el refrán: "de la vista gorda".

Muchos capitalistas creen que por no haber sido directamente afectados por estas lacras humanas, salvarán sus capitales y a sus familias, sin embargo, la experiencia a nivel mundial ha demostrado que no se salvan, la izquierda poco a poco los irá destruyendo, basta decir que en los países controlados por estas lacras humanas, los precios de las propiedades bajan sustancialmente, poco a poco; en muchos países las personas no se dan cuenta de que se vienen empobreciendo.

En regímenes de izquierda como los de Nicaragua y Venezuela, los cuales no creyeron que estos tiranos llegarían a destruir su país, quedaron atrapados en sus garras, muy pocos lograron salvar pequeñas cantidades de sus capitales. Por eso es tan importante para los que queremos paz, justicia y vivir en un mundo mejor, comprender que debemos luchar contra estas fuerzas del mal, por eso debemos mantener una resistencia pacífica, pero no pasiva.

Es obligación de todo ser humano, que mantiene sus principios de derecha, luchar para que estos tiranos no cambien la constitución de sus países para gobernar por muchísimas décadas, sembrando odio, hambre, injusticias y crímenes. Hoy Honduras, por ejemplo, necesita con urgencia que sea defendida para que no caiga en la izquierda, su caída traerá consecuencias gravísimas para el mundo y en especial para Centroamérica y EE. UU.

El mundo tiene que llegar a comprender que la izquierda es una doctrina del mal, una doctrina de odio, de rencores viscerales, de robos y de crímenes, la podríamos llamar sin temor a equivocarnos: ¡La doctrina del Diablo! Ellos son, por lo general, incultos, ignorantes, mediocres, su obsesión es destruir el capitalismo y a los estadounidenses, cuando hay izquierdistas preparados lo hacen más para fortalecer sus doctrinas que por su mejoramiento personal.

Hay pueblos donde no se comprende por qué han elegido convertirse en pueblos desgraciados, convertirse en esclavos de sus secuestradores; será que son indolentes al futuro de ellos y de sus hijos, ¡será que son pueblos tontos e idiotas! Como se describe en el libro *El regreso del idiota*. Lamentablemente, estos pueblos se han convertido en una realidad como se demuestra en varios países de América Latina.

CAPÍTULO XVI

Las doctrinas de la izquierda

En muy pocas cosas difieren las diferentes doctrinas de la izquierda, llámense estos Socialistas, Izquierda Unida, Internacional Socialista, FARC (Colombia) FMLN (El Salvador), Sandinistas en (Nicaragua), Socialismo del siglo XXI (Venezuela), terroristas (en todas las naciones); todas ellas provienen del comunismo el que tratan de disfrazar con otros nombres, pero sus fines son los mismos, malignos y destructivos.

Todas estas doctrinas persiguen acabar con el sistema capitalista, con los estadounidenses, con las tradiciones y valores, sobre todo, lograr el ateísmo como base importante para controlar las poblaciones; atacan al Vaticano aprovechándose de cualquier crimen cometido por algún sacerdote, lo que les importa es destruir, sobre todo, a la religión católica. Muchas de estas doctrinas surgieron en el siglo XIX a partir del movimiento de los socialistas.

Estas doctrinas se fundaron con el pretexto de coordinar la lucha mundial de los movimientos socialistas. Esta unión de movimientos se formó porque compartían la lucha contra el sistema capitalista. Todos ellos de una forma u otra han sido los que han cometido las mayores injusticias y crímenes de la humanidad. Muchos de sus participantes son utilizados como tontos útiles.

Sus líderes ofrecen a los movimientos obreros, movimientos populares de liberación y a sus pueblos de escasos recursos, cientos de promesas que por supuesto nunca llegan a cumplir. Estas masas que aparentemente no tienen nada que perder cuando apoyan estos movimientos, al poco tiempo se convierten en las que más sufren, una vez que el tirano llega a controlar el ejército y la Corte Suprema de Justicia.

Los socialistas y muchos partidos de izquierda pretenden dar la imagen de que ellos están separados del marxismo, sin embargo, en sus países, una vez que logran controlar los dos poderes principales, aplican las mismas acciones salvajes contra sus pueblos que los comunistas. En verdad la doctrina principal que utilizan los líderes de izquierda es: "¡Para gobernar hay que llevar al pueblo de la pobreza, a la miseria! ". Única forma de controlar y hacer lo que quieran con el país, naturalmente cuando ya tienen controlada a las Fuerzas Armadas.

Aunque los socialistas y los izquierdistas pregonan que desean sacar al pueblo de su pobreza, darle más escuelas para sus hijos, darle trabajo, justicia, libertad y solidaridad, casas, etc., sus acciones, en los diferentes países del mundo han demostrado lo contrario, la doctrina de la izquierda es una doctrina fracasada, es la doctrina del mal, del crimen, del robo, del cinismo, de la envidia.

Otra teoría que utilizan con mucha frecuencia es la "economía mixta" que consta de propiedad privada y propiedad pública. También promueven organismos gubernamentales que regulen la empresa privada en defensa de los trabajadores.

En el siglo XXI están aplicando leyes e impuestos progresivos absurdos, que desestimulan la inversión, esto tiene el objeto de propiciar el robo de la propiedad que los capitalistas pierden por ser un impuesto injusto e imposible de pagar; sin embargo, la propiedad así robada, después de poco tiempo, resulta que la compró uno del pequeño grupo que rodea al tirano por una cifra irrisoria y, por supuesto, no paga ningún impuesto ni el valor de la propiedad.

En muchas ocasiones Eduardo Bernstein (1850-1932) político socialdemócrata alemán y fundador de la teoría evolucionista del socialismo mediante reformas parlamentarias, decía: "El socialismo se logra a través de una lucha prolongada, tenaz, conquistando poco a poco diferentes posiciones".

Los líderes de izquierda aun sabiendo que sus políticas son obsoletas, que causan hambre, injusticias, crímenes y retroceso en el país que gobiernan, cínicamente levantan campañas para que los sindicatos, el proletariado, etc., culpe a los capitalistas y a los estadounidenses.

Lamentablemente la democracia se ha transformado en una herramienta popular que los tiranos saben utilizar para conquistar el poder y permanecer en él por varias décadas; consecuentemente, la imperfección de la misma democracia permitiendo el voto de ciudadanos que no saben leer y niños de 16 años, seguirá destruyendo la auténtica democracia.

Por ejemplo, la Socialdemocracia, es una ideología política que surgió a finales del siglo XIX a partir del movimiento socialista, las verdaderas raíces de todas estas ramas del socialismo vienen de la doctrina comunista, con algunos cambios para hacerla aparecer más aceptable.

La Socialdemocracia moderna trata de diferenciarse de otras concepciones del socialismo por la manera en que practican su socialismo, especialmente en política. La temida Internacional Socialista se fundó hace cien años para coordinar la lucha mundial de los movimientos socialistas democráticos por la justicia social, la dignidad humana y la democracia.

La Internacional Socialista reunió partidos y

organizaciones de tradiciones diferentes que compartían el objetivo común del supuesto "socialismo democrático". Sin embargo, a través de su historia han desestabilizado gobiernos y apoyado grupos de terroristas para que se apoderen de un país, como fue el caso de Nicaragua y no pudieron conquistar El Salvador porque el presidente Carter perdió su reelección contra un gran presidente completamente antiizquierdista: el presidente Reagan.

Siempre todos estos partidos socialistas, ya sean social-demócratas o laboristas, han defendido los mismos valores y principios. Los socialistas, supuestamente democráticos, proclaman valores por caminos muy distintos, utilizando el movimiento obrero, los movimientos populares de liberación, las tradiciones culturales de asistencia mutua y de solidaridad comunitaria en muchas partes del mundo.

Se presentan como los humanistas del mundo, pero aunque existan diferencias ideológicas y culturales entre todos ellos, los socialistas "dicen" compartir el deseo de una sociedad mundial pacífica y democrática, con libertad, justicia y solidaridad; sin embargo, sus actuaciones en el mundo favorecen la lucha contra el capital y los Estados Unidos, principalmente.

Solapadamente y de forma directa, muchos socialistas justifican asesinatos, secuestros, actos de terrorismo, etc., culpando a los "capitalistas" y por supuesto a los estadounidenses, aunque supuestamente rechazan el comunismo, pero en la práctica luchan en favor de él.

Los tiranos, por ejemplo, se refugian en doctrinas socialistas que ahora llaman del "siglo XXI", se caracterizan por sus estrategias de formar sus grupos de defensa que llaman "Poder Ciudadano", "Pueblo Presidente", "Comités de Barrios", Comités de Defensa, "Poder Popular", etc., todas estas agrupaciones no son más que turbas que utilizan en contra de la población que no esté de acuerdo con ellos.

Los socialistas, no importa cómo se llamen, todos van en el presente siglo XXI tras el voto del ignorante, del pobre que muchas veces no sabe leer o bien no tiene edad para votar, sin embargo, sus promesas de más trabajo, repartición de riquezas, más escuelas, hospitales, comida, etc., nunca las llegan a cumplir, pero por el voto democrático se convierten en presidentes o, más bien, en tiranos, una vez que toman el poder.

En aquellos países donde no pueden convertirse en tiranos porque hay fuerzas que no se lo permitirían, logran, sin embargo, hacerle tanto daño a la población durante sus periodos de gobierno, que dejan al pueblo sin trabajo y en la miseria. Hay que reconocer que la izquierda mundial —llámese como se llame— es la fuerza más grande del mundo, todos ellos tienen un objetivo principal: ¡Destruir el capitalismo! ¡Destruir a los estadounidenses! ¡Destruir las religiones!

En realidad, las doctrinas del socialismo se inspiran y se desprenden del marxismo, las masas obreras son grupos que han logrado conquistar haciéndoles ver que luchan porque impere la justicia y el mejoramiento laboral.

El día que las organizaciones obreras lleguen a comprender que no es destruyendo, la forma de mejorar, sino más bien "construyendo", que existe el verdadero crecimiento de un pueblo, rechazarán estas doctrinas que no han hecho más que aprovecharse de ellos y sin darse cuenta del daño que se hacen a sí mismos, al votar por líderes que se convierten en tiranos y verdugos de ellos mismos.

Desde el siglo XIX y principios del XX se crearon todas estas organizaciones socialistas, siempre aprovechándose del obrero que poniendo sus esperanzas en promesas hechas por líderes que se les convertían en tiranos, los llevaban a una vida de más sacrificio y pobreza.

Ningún país del mundo que haya sido tomado por líderes de izquierda ha dejado de sufrir por lo menos cien años; sus líderes se convierten en tiranos que secuestran el país una vez que controlan el ejército. Amenazas, crímenes, robos, cinismo, son prácticas de la izquierda en su lucha contra el capital.

La brecha ideológica que ha logrado construir la izquierda unida, agrupando todas sus facciones, es parte del éxito que han obtenido a través de la lucha por el derecho de los sindicatos, a quienes logran manipular en países controlados por tiranos, para que soporten injusticias y pobrezas aun contra los mismos sindicalizados.

Hay que recordar que la socialdemocracia (socialistas reformistas), después de la revolución bolchevique, logró que el socialismo internacional se dividiera entre "facciones radicales" y la "Internacional Comunista".

El concepto de la doctrina de la izquierda seguirá siendo controlar las Fuerzas Armadas, La Corte Suprema de Justicia, los medios de comunicación masiva y los medios de producción, además, deben poner sus mejores esfuerzos en destruir los principios religiosos, sean estos de cualquier religión que sean, pero sobre todo la católica.

Hay que tener mucho cuidado con las izquierdas que se esconden en diferentes organizaciones, por ejemplo "Unión de Partidos Socialistas para la Acción Internacional" irónicamente llamada "Internacional Dos y Medio" o "Segunda Internacional y Media", "Internacional Obrera y Socialista" y decenas de nombres que utilizan para formar la mayor organización política del mundo.

Hay que recordar también, que todos estos partidos, de una forma u otra, colaboraban con el partido comunista a pesar de los millones de asesinatos que se cometieron en la URSS y otros países de la órbita soviética.

Algunos partidos socialistas han querido disfrazar sus pretensiones destructivas al hablar de economías mixtas, las cuales no han sido más que una aberración de la cual tardíamente el pueblo se percata.

Los partidos socialdemócratas se encuentran entre los más importantes en la mayor parte de Europa, esta tendencia también ha llegado a América Latina, sin embargo, en los Estados Unidos no han logrado tener éxito, con la excepción del senador independiente Bernie Sanders que se declara socialista democrático.

Todos los partidos socialistas son miembros de la "Internacional Socialista", organización mundial que hemos visto actuar en favor de regímenes tiránicos de izquierda y, aunque se llamen de diferentes formas, todos ellos son marxistas, comunistas y anarquistas.

Por otra parte, hay que estar conscientes de que las izquierdas buscan de cualquier forma afectar los medios de producción, por lo general lo realizan estratégicamente a través de impuestos absurdos que desestimulan la producción.

Muchos políticos conservadores apoyan, con fines políticos, las sociedades socialistas aun sabiendo que son el refugio de comunistas, extremistas, terroristas, etc. Los socialistas se declaran progresistas en el campo religioso, apoyan las uniones legales entre personas del mismo sexo y la enseñanza de los diferentes métodos de aborto en la juventud desde una edad temprana.

Los socialistas españoles, por ejemplo, han llegado al colmo en su lucha contra el catolicismo, el 10 de abril de 2011 los medios españoles informaron que el próximo 21 de abril de 2011 (Jueves Santo) el día que Cristo celebró la última cena e instituyó el sacramento de la eucaristía, los socialistas han anunciado que en Madrid se celebrará una marcha atea para burlarse y atacar los valores del catolicismo.

Con Zapatero como presidente de España y del Partido Socialista se vieron muchos atropellos llevados a cabo durante su gobierno: como la protección al aborto, han quitado los símbolos de Cristo en las escuelas, el juramento que se hacía sobre la *Biblia* a los funcionarios públicos se ha eliminado, hoy juran sobre los principios del socialismo.

Debemos recordar que España fue un baluarte del catolicismo desde muchos siglos atrás, el pueblo español fue admirado mundialmente por su fe católica, hoy burlada y destruida en una inmensa cantidad de españoles, gracias a los esfuerzos del socialismo.

Lo triste es que además de eliminar el catolicismo, también pretenden eliminar a la monarquía española; el objetivo del socialismo es construir un nuevo ser humano ateo, sin valores morales, dispuesto a seguir como borrego a sus dirigentes socialistas.

La izquierda ha descubierto que conquistando el voto popular tiene el control de la nación, por eso no les importa los ofrecimientos que hacen al pueblo, que jamás llegan a cumplir, lo importante es llegar al poder y después cambiar la constitución de acuerdo a sus pretensiones.

En los medios televisivos se ve con frecuencia a periodistas aprovechándose de cualquier situación para atacar la religión católica, no aceptan la sana influencia que tiene el Santo Padre sobre la población mundial, en varias ocasiones periodistas de diferentes medios, han atacado al Santo Padre; recientemente, cuando la visita del Papa a México y Cuba (marzo de 2012), trataron de oscurecer su visita. ¿Qué piensa Ud. del siguiente reportaje que apareció el 26 de marzo del 2012 en *El Nuevo Herald*?

178

Jorge Ramos Ávalos: La política del sexo

No hay nada más alucinante y aberrante que cuando el Papa y los políticos de la ultraderecha se quieren meter en nuestra cama. No son expertos en sexualidad, intimidad o salud. Pero ellos insisten en controlar nuestra vida horizontal.

Benedicto XVI tiene más que suficiente con las polémicas que han surgido con su viaje a México y Cuba. Lidiar con curas pederastas, dictadores octogenarios y una decreciente feligresía, no es cosa fácil. Pero el Papa alegremente se ha lanzado a criticar el legítimo esfuerzo de los homosexuales en Estados Unidos para que no los discriminen.

Si dos hombres o dos mujeres se quieren casar, eso es asunto de ellos y de nadie más. Las uniones entre homosexuales son reconocidas legalmente en seis estados norteamericanos – incluyendo Nueva York – y en Washington D. C. Lo mismo ocurre en Argentina, España y la ciudad de México. Pero para el Papa eso no está bien.

Benedicto XVI le pidió hace poco a los obispos norteamericanos que lucharan en contra de "las poderosas corrientes políticas y culturales que buscan alterar la definición legal del matrimonio". Para él y los obispos de la curia romana (que nunca se han casado), la única definición de matrimonio es entre un hombre y una mujer. No se han dado cuenta de que la realidad los rebasó hace mucho. Conozco a varias familias de parejas homosexuales, amorosísimas con sus hijos, y no me cabe en la cabeza que el Papa se atreva a decirles que están equivocados, que viven en pecado y que él quisiera disolverlas.

Igual de absurdo resulta el reciente debate sobre los anticonceptivos en Estados Unidos. El uso de la píldora anticonceptiva fue autorizado por primera vez en la década del 50 y la mayoría de las mujeres norteamericanas la utilizan. Ese, yo creía, era un tema superado. Hasta que el locutor

179

radial *Rush Limbaugh calificó como "prostituta" a Sandra Fluke, estudiante de leyes de la universidad de Georgetown, por querer argumentar ante un comité del Congreso que todas las compañías de seguro médico deberían cubrir los gastos de planeación familiar.*

Limbaugh, a regañadientes, se disculpó tras perder a decenas de anunciantes. Pero es ingenuo, y hasta tonto, el limitar y criticar el uso de anticonceptivos en una cultura hipersexualizada, donde los niños y niñas de 13 y 14 años ya están teniendo relaciones. Y esto nos lleva al álgido tema del aborto.

Empecemos por lo obvio: nadie quiere tener un aborto. Pero la actual contienda electoral en Estados Unidos está totalmente polarizada por el tema. Por un lado está el presidente Barack Obama, quien defiende las actuales leyes que permiten el aborto (basadas en una decisión de la Corte Suprema en 1973) y, por el otro, un grupo de políticos republicanos que promete hacer hasta lo imposible para penalizar el aborto si llegan a la Casa Blanca. Lo irónico es que en ese debate solo se están escuchando voces masculinas.

En México muchas mujeres han terminado en la cárcel por abortar o por buscar una terminación de un embarazo no deseado. Es la criminalización del aborto. Dieciocho de los 31 estados mexicanos prohíben el aborto. En Guanajuato, por ejemplo, se dio el caso de seis mujeres encarceladas por más de cinco años por abortar. Grupos feministas han pedido, sin éxito, un censo en las cárceles mexicanas para saber cuántas mujeres hay detenidas por abortar.

Pero ni el Papa, ni el presidente, ni el gobernador, ni el alcalde, ni el juez o el policía tienen derecho a meterse con el cuerpo de una mujer. Ninguno. La decisión de qué hacer con su cuerpo es exclusivamente de ella. Sin embargo, el cuerpo femenino es el principal campo de batalla de los religiosos y políticos más intransigentes. Son, en muchos casos, hombres queriendo imponer su voluntad en el cuerpo de mujeres que ni siquiera conocen.

Me parece increíble cuando líderes religiosos o políticos se quieren meter en la vida privada de los otros. Respeto sus convicciones pero me aterra cuando las utilizan para ganar adeptos o para tratar de convencer a votantes.

Casarse con una persona del mismo sexo, usar anticonceptivos o abortar están entre las decisiones más personales que se pueden tomar en la vida. Y para eso no hay que pedirle permiso a la Iglesia, a un partido político o a la policía local.

La procreación de los hijos no es la única función de la sexualidad. Aunque, por el tono de los debates actuales, eso nos quisieran hacer creer los políticos del sexo. Cuando ellos nos pregunten: ¿qué haces con tu vida privada? Nuestra respuesta debe ser tajante: eso a usted no le importa.

Hasta aquí el reportaje de Ramos.

Estoy seguro de que hay millones de católicos que no compartimos el artículo del Sr. Ramos.

Hay muchos empresarios que no advierten el peligro que significa las acciones de los socialistas utilizando los medios de comunicación en diversas partes del mundo, es fácil ver en diferentes medios en América Latina, España y, aun dentro de USA, los medios atacando al empresario, atacando principios y valores de la sociedad para darle paso al socialismo.

Los hombres de éxito crean prosperidad y no el desaliento de la iniciativa propia que realiza la izquierda, tampoco se puede "fortalecer al débil debilitando al fuerte" como decía Abraham Lincoln hace más de ciento cincuenta años, también decía Lincoln: "No se puede ayudar a los pequeños, aplastando a los grandes". "No se puede ayudar al pobre, destruyendo al rico". "Usted no puede promover la fraternidad admitiendo el odio de clases".

La izquierda contradice los grandes principios predicados por Abraham Lincoln, por eso el mundo dominado por las izquierdas necesita desarrollarse y mantenerse con el mal, su fuente de engaño que le permite a unos pocos usufructuar lo que por el trabajo honrado nunca lo hubieran conseguido, tienen que convertir a los pueblos en haraganes, deshonestos, envidiosos y muchos de ellos peligrosos por su irresponsabilidad de realizar actos tan crueles como el terrorismo.

Tenemos que repetir, para no olvidarla, la célebre frase de Winston Churchill:

El Socialismo es la filosofía del fracaso, el credo de la ignorancia y el evangelio de la envidia, su virtud inherente es la distribución equitativa de la miseria.

¡Qué gran verdad la expresada por Winston Churchill!
Un historiador nicaragüense decía:

Ni la invasión de William Woker, ni ninguna guerra o terremoto sufrido en Nicaragua, han sido tan desastrosos y dolorosos como la invasión de los sandinistas.

CAPÍTULO XVII

La educación pública
controlada por la izquierda

Para la izquierda, es indispensable que sus avances continúen por siempre, de allí la importancia que le dan al control de las escuelas públicas, que son fáciles presas de sus doctrinas, que inclusive las introducen hasta en muchos colegios privados.

A un niño que desde temprana edad le inculcan odio contra el capital, contra la iglesia, contra los estadounidenses, es seguro que en su edad adulta será un socialista dispuesto a seguir a regímenes tiránicos, a regímenes que destruyen al ser humano, que destruyen lo que tocan y que, en síntesis, también se destruyen ellos mismos.

Una perspectiva que fácilmente perdemos, los que no participamos con los socialistas, es que a ellos no les preocupa el tiempo, ellos trabajan y actúan inculcando sus doctrinas a mediano y largo plazo, lo que les importa es que, aun después de muertos, sus doctrinas sigan haciendo daño a la humanidad.

El 24 de enero de 2011 el diario *La Prensa* de Nicaragua publicó: "**Campaña invade colegios**".

Básicamente informaban que habían aparecido en todos los colegios públicos del país grandes afiches donde el

183

presidente Daniel Ortega promovía su candidatura inconstitucional para participar en las elecciones de noviembre de
2011, han llenado todos los colegios con la bandera "roja y
negra", el símbolo de la izquierda nicaragüense y de muchos
otros países.

La utilización que hace la izquierda de aprovechar las
escuelas públicas con sus maestros y alumnos como sus
centros de campaña, es ilegal y sus consecuencias por supuesto
que son funestas, sobre todo que utilizan a los maestros y
estudiantes para lograr sus malignos propósitos.

En Nicaragua muchos maestros han informado que se
encuentran acorralados, las represalias son inmediatas si no
atienden las instrucciones de los sandinistas; con frecuencia
les envían buses para recoger a los alumnos con sus maestros
para llenar plazas o para cualquier evento donde necesiten la
asistencia de la población.

A muchas de las rotondas de la capital las llenan con
estudiantes armados para que generen violencia contra manifestaciones que se produzcan contra el régimen sandinista,
los obligan a dormir en las rotondas, les llevan comida y por
supuesto hacen sus necesidades allí y después las limpian con
trabajadores de la alcaldía.

La Federación de Estudiantes de Secundaria es un brazo
de la Juventud Sandinista, dispuesta a realizar cualquier
acto de vandalismo solicitado por el Frente Sandinista, los
envían a talleres donde les meten la ideología sandinista, por
lo general estos estudiantes están preparados para realizar
actos vandálicos o bien son utilizados para cualquier acción
requerida por el tirano.

La utilización de los estudiantes de las escuelas públicas
es básica para eternizar a los tiranos con su partido, todos

ellos —conjuntamente con los maestros— deben pertenecer a la organización principal del Frente Sandinista denominada "Poder Ciudadano", también llamado en la década del ochenta —cuando gobernaron con todos los poderes— "Comité de Defensa Sandinista". Esta organización se encarga de visitar casa por casa en el sector que vivan para denunciar a cualquier familia que no esté cumpliendo con los requerimientos socialistas.

Por supuesto, la calidad de la educación en las escuelas públicas es pésima, al igual que en las universidades estatales, lo que cuenta para calificar las notas de un estudiante es que cumpla con las instrucciones que reciban del Frente Sandinista. El adoctrinamiento para asegurar que el estudiantado cumpla con las consignas de la izquierda, se logra amenazando a profesores y padres de familia de que pierden su trabajo y los alumnos son expulsados, lo importante para los sandinistas es que estudiantes y profesores deben convertirse en defensores de la revolución.

Los abusos de poder de las tiranías de izquierda son continuos, sin embargo, las instituciones controladas por izquierdistas como es el caso de la OEA, por ejemplo, se hacen de la vista gorda, para permitirles los atropellos contra sus pueblos. Los empleados públicos dentro de los regímenes de izquierda son amenazados constantemente, pues para mantener sus puestos de trabajo tienen que respaldar la tiranía de izquierda.

Las izquierdas se aprovechan de las escuelas públicas para lograr sus propósitos, en Nicaragua por ejemplo, bajaron de 18 a 16 años para que un joven pueda votar, de esa forma tienen mayor seguridad con los que aún están en las escuelas para asegurar que voten por el tirano, las protestas del pueblo, de la iglesia, etc., les importan un comino, lo importante es lograr avances en su doctrina.

Recientemente salió publicado en los medios de Nicaragua las protestas de la Iglesia Católica contra la reelección ilegal de Daniel Ortega, a continuación algunas informaciones.

La iglesia católica: Avalar la reelección es pecado

El 24 de enero de 2011 *La Prensa* informó que el obispo auxiliar de Managua, monseñor Silvio Báez, declaró que la decisión de la Corte Suprema de Justicia nicaragüense, ratificando la legalidad de la reelección del tirano Daniel Ortega, es ilegal y fue clasificada como un "pecado".

Aunque muchísimas veces la iglesia católica reacciona con firmeza contra los abusos de las tiranías de izquierda, a estas no les importan sus opiniones, siempre siguen adelante con sus planes macabros y cuando lo consideran necesario en algunos casos sacan del país al prelado, lo amenazan o bien lo mandan a asesinar.

La iglesia nicaragüense ha llegado hasta clasificar como "pecado" este nuevo abuso de la izquierda; la constitución del país prohíbe la reelección de Ortega, consecuentemente no le está permitido seguir al frente como el tirano principal del Frente Sandinista.

A pesar del veredicto de la corrupta Corte Suprema de Justicia de Nicaragua, manejada conforme a los caprichos del dictador, todo nicaragüense sabe que es ilegal, a pesar de todas las formas legales que los sandinistas quieran darle, ellos saben que al final aun la comunidad internacional de derecha los tendrá que aceptar y con el pueblo no pierden porque tienen el ejército que hace cumplir los deseos del tirano.

Aunque ahora le "toca al pueblo" como muy bien lo dijo monseñor Báez, los ciudadanos deben protestar por semejante crimen contra lo más sagrado de un pueblo, que es su constitución, marchas constantes, protestas locales e internacionales se deben oír de parte del sufrido pueblo, de lo contrario, una vez más, los sandinistas impondrán su voluntad para seguir manteniendo secuestrada a Nicaragua.

Monseñor Báez amplió su definición del pecado al decir que "todo lo que es injusticia, ilegalidad, mentira y deshonestidad es pecado" y como resultado traerá consecuencias negativas a mediano y largo plazo.

Otro monseñor que protestó abiertamente contra la reelección de Ortega fue Bernardo Hombach, Obispo Emérito de Granada, él dijo que "un país sin ley es un país a la deriva" y complementando sus palabras podemos agregar: ¡la falta de leyes y el control total que tienen del ejército les ha permitido tener el país secuestrado por más de treinta años! Pronto muchos verán que superarán los ochenta años en el poder sin que nada se pueda hacer por la apatía del nicaragüense.

Con el apoyo del ejército y de la Corte Suprema de Justicia los sandinistas han logrado, robar, asesinar, calumniar y destruir a Nicaragua, sin que nadie los pueda parar, han logrado —por más de treinta años— manejar la constitución de acuerdo a sus intereses.

¡Qué pecado habrá cometido el pueblo nicaragüense para merecer semejante castigo!, solo un milagro los puede salvar de sufrir, por lo menos, de sesenta a ochenta años más, que dicho sea de paso, es el promedio de sufrimiento que ha tenido que pagar cualquier país del mundo que haya caído bajo regímenes de izquierda, con la excepción de aquellos países con militares de prestigio y fieles a la constitución de su país.

CAPÍTULO XVIII

Reagan, el mejor presidente de Estados Unidos

Según una encuesta que coincide con la celebración del Día de los Presidentes, Ronald Reagan es considerado el mejor mandatario de EE. UU., asegura una encuesta publicada por la consultora Gallup, (publica el *Diario Las Américas*, 2-21-2011). Y podemos agregar: "si revisamos el mundo en su época, no dudamos en aclamarlo como el mejor presidente del planeta".

Por duodécimo año consecutivo, Reagan, que dirigió el país entre 1981 y 1989, fue reconocido con esta distinción, seguido muy de cerca por el presidente número dieciséis, Abraham Lincoln (1861-1865), recordado como el impulsor de la unidad del país y el precursor del abolicionismo.

El Día de los Presidentes, que se celebra el tercer lunes de febrero de cada año en honor a los 44 mandatarios que ha tenido el país a lo largo de su historia, conmemora oficialmente el cumpleaños (el 22 de febrero) del primer presidente del país, George Washington.

Sin embargo, este año, Washington, considerado el padre de la patria, está situado en quinto lugar en la lista tras Reagan, Lincoln, Clinton y John F. Kennedy (1961-1963).

Los estadounidenses tienden a mencionar a los presidentes más recientes, algo que no es una sorpresa ya que el estadounidense medio durante su vida escucha mucho sobre los presidentes en el cargo, pero comparativamente poco acerca de los presidentes históricos muertos hace tiempo", indica Gallup.

De hecho, cuatro de los cinco presidentes más recientes están entre los mejores diez de la lista de este año, el actual presidente, Barack Obama, su predecesor George W. Bush (2001-2009), Clinton y Reagan.

En esta ocasión, el presidente Obama quedó en sexto lugar, por delante de Theodore Roosevelt (1901-1909), premio Nobel de la Paz en 1906, y Harry Truman (1945-1953), quien ordenó el bombardeo atómico de Hiroshima y Nagasaki y posteriormente participó en la creación de la ONU e impulsó el plan Marshall para reconstruir a Europa tras la Segunda Guerra Mundial.

Los expertos consideran que las recientes celebraciones del centenario del nacimiento de Reagan han contribuido a fomentar la percepción positiva del expresidente.

Reagan ha sido recordado con actos en todo el país por sus planes económicos para encarrilar el país por la senda de la prosperidad, en un momento en el que Estados Unidos vive una profunda crisis, o el discurso en la puerta de Brandenburgo de 1987, en el que invitó al líder soviético Mijaíl Gorbachov a derribar el Muro de Berlín.

Hoy, entre España y América Latina, tenemos a los expresidentes José María Aznar de España, Álvaro Uribe de Colombia, Vicente Fox de México, Jorge (Tuto) Quiroga-Ramírez de Bolivia, Roberto Micheletti de Honduras quienes han demostrado el temple que distinguió en vida al presidente Ronald Reagan.

Ojalá que todos los latinoamericanos y españoles que creemos en la auténtica democracia podamos contribuir para que estos grandes expresidentes puedan organizarse, conjuntamente con grandes periodistas de derecha, como Carlos Alberto Montaner, que siguen teniendo el valor de luchar contra la izquierda.

El capital debería propiciar una organización con esta clase de personalidades para que defiendan sus intereses, ya que ellos, de frente, no lo pueden hacer. La admiración mundial por el presidente Reagan es aplaudible, edificante y un ejemplo para todos aquellos ciudadanos que comprendemos cómo la izquierda está acabando con nuestro mundo por la pasividad y, más bien, por el miedo que tenemos a defendernos.

Ojalá que el mundo pueda llegar a tener más líderes como los presidentes Reagan, Aznar, Uribe, Rajoy, Mitcheletti y otros que han sabido combatir con hombría a los izquierdistas.

¿Por qué Estados Unidos es grande?

Podríamos resumirlo en pocas palabras: Por el respeto al derecho ajeno y por el amor al trabajo y a sus semejantes. La grandeza de los EE. UU. le ha permitido, a través de sus esfuerzos, el mejoramiento de la vida de sus ciudadanos y, por ejemplo, llegar a la Luna y realizar muchas investigaciones que han mejorado la calidad de vida del ser humano.

Los principios de los estadounidenses, en adición al respeto al derecho ajeno, son la libertad como un principio fundamental, el trabajo como medio para prosperar y no para distribuir lo que han logrado con su esfuerzo, por eso los estadounidenses admiran al que triunfa, no lo envidian y no tratan de destruirlo como sucede con los gobiernos de izquierda.

Ya en el siglo XIX, el gran Abraham Lincoln dio ejemplo al

mundo con sus actuaciones y palabras, las que han contribuido a edificar el respeto que sienten todos los estadounidenses. Los estadounidenses son odiados porque con su ejemplo han demostrado que es con el trabajo, la honestidad, el respeto al derecho ajeno y al cumplimiento de sus leyes, como se logra un mundo mejor.

Cuando EE. UU. le ganó la guerra a los nazis no se quedaron con ningún territorio, más bien idearon el plan Marshall para ayudar a la Europa destruida, tampoco lo hicieron cuando le ganaron la guerra a Japón, por el contrario, este país también recibió ayuda de los estadounidenses para reconstruirse, de igual forma sucedió con Corea del Sur, basta compararla con Corea del Norte para darnos cuenta de que la teoría de la izquierda no mejora la calidad de vida del ser humano.

A la hora de cualquier catástrofe en el mundo, el primer país en enviar su ayuda es EE. UU., sin embargo, es un país odiado por muchos. Recordemos cuando el arzobispo de Canterbury le preguntó al general Colin Powell si los planes de USA hacia Irak no eran otra cosa que engrandecer "el imperio" por parte del presidente George Bush, Powell le respondió: "Con el transcurso de los años los EE. UU. han enviado a sus mejores hombres para luchar por las causas de las libertades y las únicas tierras que han pedido son las necesarias para enterrar a los que no regresaron".

También, en una conferencia en Francia donde participó un numeroso grupo de ingenieros de diversas nacionalidades, uno de los ingenieros franceses dijo serenamente: "¿Han escuchado la última estupidez de George Bush? Envió un portaviones a Indonesia para ayudar a las víctimas del tsunami, ¿Qué pretende hacer, bombardearlos?".

Un ingeniero de la Boeing se levantó y respondió: "Nuestros portaviones tienen tres hospitales a bordo, que pueden tratar a varios cientos de personas, son nucleares, por lo que pueden suministrar electricidad de emergencia a tierra, tienen tres comedores con capacidad para preparar comida para 3000 personas tres veces al día, pueden producir miles de galones de agua potable a partir del agua de mar y tienen decenas de helicópteros para transportar víctimas desde y hacia el buque, los EE. UU. tienen varios portaviones como el que les describo, ahora pregunto: ¿Cuántos buques así ha mandado Francia?".

Son miles de anécdotas las que se cuentan de estadounidenses reunidos en conferencias donde de una forma u otra les hacen reclamos los ciudadanos de otros países. En otra reunión, donde había muchos europeos, le preguntaron a un estadounidense: ¿ Por qué las conferencias siempre tienen que ser en inglés y no en francés?, ¿por qué los europeos tenemos que aprender varios idiomas, mientras que los estadounidense se bastan solo con el inglés? ¿Por qué tenemos que hablar inglés en estas conferencias? ¿Por qué no se habla francés? El estadounidense le contestó:

"Tal vez sea porque los británicos, canadienses, australianos y estadounidenses nos las ingeniamos para que ustedes no tuvieran que hablar alemán por el resto de sus vidas".

Otra de las frases del presidente Reagan, refiriéndose a la izquierda, para recordar fue: "Cómo el gobierno mira la economía se puede resumir en unas cortas frases: Si algo marcha bien, métele impuestos. Si sigue yéndole bien, métele regulaciones. Y si se para, métele subsidios". Estos son los principios que las izquierdas implantan, por eso es que desbaratan todo lo que funciona y en poco tiempo destruyen las economías.

Hay que reconocer que, injustamente, a los estadounidenses poco se les quiere, más por un concepto de envidia que por otra cosa, sin embargo, si los analizamos con amplio criterio, observaremos que es un país grande porque tiene un alto sentido del respeto al derecho ajeno que es, en esencia, la paz y porque estiman al que con sus esfuerzos en los estudios y en el trabajo se abre las puertas para lograr éxitos. Por esto han sido los únicos que llegaron a la Luna en 1960, en 2012 lograron aterrizar una nave en Marte, son pioneros en la tecnología de aviones, computadoras, comunicaciones, etc. Fueron ellos los que desarrollaron y controlan Internet, que es hoy un medio utilizado por el mundo entero.

Hay que reconocer que cuando los EE. UU. han ganado las guerras, jamás se han quedado con un pedazo de territorio, solo han pedido lo necesario para enterrar a sus muertos, son los primeros en asistir a los desastres mundiales donde cooperan con todo lo que pueden, jamás piden nada a cambio, más bien han ayudado como sucedió en Europa, Japón y otros países.

En verdad, la riqueza principal de EE. UU. se basa en lo que Abraham Lincoln dijo hace más de 150 años:

• *No se puede crear prosperidad desalentando la iniciativa propia.*

• *No se puede fortalecer al débil debilitando al fuerte.*

• *No se puede ayudar a los pequeños, aplastando a los grandes.*

• *No se puede ayudar al pobre, destruyendo al rico.*

- *No se puede elevar el salario si no hay producción que lo sostenga.*

- *No pueden resolver sus problemas mientras gaste más de lo que gana.*
- *No se puede promover la fraternidad de la humanidad, admitiendo e incitando el odio de clases.*

- *No se puede garantizar seguridad con dinero prestado.*

- *No se puede formar el carácter y el valor del hombre quitándole su independencia, su libertad, su iniciativa.*

- *No se puede ayudar y mejorar al ser humano, realizando por ellos permanentemente lo que ellos deben hacer por sí mismos.*

Los socialistas para conquistar y mantenerse en el poder son especialistas en el engaño, en desarrollar la corrupción a todos los niveles, infundir el miedo como un recurso infalible para hacer lo que quieran, ellos saben que su doctrina es como decía Wiston Churchill:

"La filosofía del fracaso, el credo de la ignorancia y el evangelio de la envidia, su virtud inherente es la distribución equitativa de la miseria".

Es increíble que aun viendo cómo estas grandes mayorías se quedan sin trabajo, con precaria alimentación y salud, ¿cómo es posible que les puedan dar votos a estos tiranos que gobiernan sus países?; ¿será que el miedo los convierte en tontos?, la victoria de estos tiranos no es más que el triunfo

195

del despotismo, el triunfo del mal, el triunfo de la pobreza, el triunfo de las injusticias, el triunfo de las confiscaciones, de la destrucción del capitalismo, de la religión y más.

Aunque parezca mentira Hugo Chávez ganó las elecciones para un tercer periodo, poco antes de morir, pero dejó en su lugar a su fiel seguidor Nicolás Maduro, quien gobernará hasta 2019, y seguramente intentará seguir gobernando por más periodos, esto ha sido una norma en todos los países que han caído en la izquierda, lo podemos ver con el sufrimiento del pueblo soviético y los países satélites que sometieron al comunismo, lo podemos ver en Cuba con más de 54 años, Nicaragua con más de 34 y así sucesivamente; podemos recorrer la historia del mundo la cual demuestra que el sufrimiento de los pueblos por lo menos dura de 70 a 100 años y más.

CAPÍTULO XIX

Cuba, Nicaragua y Venezuela

El gran peligro que corre principalmente Latinoamérica y EE. UU. es que este trío de países que se encuentra gobernado por tiranos y mantienen como agenda principal, conjuntamente con los iraníes de izquierda, atacar a los EE. UU., continuarán luchando para que Honduras, país esencial para realizar sus pretensiones, caiga lo antes posible. En cualquier descuido de EE. UU. y del mundo, este país caerá en la izquierda.

Ellos lucharán también para que a El Salvador —que ahora lo gobierna el izquierdista FMLN— entren miles de cubanos e internacionalistas para completar, en ese país, la estrategia necesaria con su alta población para que, una vez que caiga Honduras, tener miles de los criminales agrupados en la organización llamada los "Maras" y otros listos para entrenarse como terroristas.

Ellos saben que los medios de comunicación de izquierda, que lamentablemente constituyen la mayoría, protegerán y cubrirán satisfactoriamente cualquier "zanganada" que realicen en contra de sus propios países o bien en países que pretenden se unan a su Socialismo del siglo XXI.

Hay preocupación mundial porque el presidente Obama ha nombrado a John Kerry como Secretario de Estado para su nuevo periodo 2013-2017; el mundo conoce la preferencia que tiene Kerry por la izquierda, se recuerda combatiendo al presidente Reagan cuando heroicamente luchaba contra los sandinistas y todo sistema comunista que quisiera controlar otro país, por eso no permitió que El Salvador cayera, a pesar de todos los esfuerzos realizados por el expresidente Carter y algunos demócratas entre ellos John Kerry.

El *Wall Street Journal* ha fustigado al presidente Obama por la designación de John Kerry como Secretario de Estado, a grandes titulares dice: "**Kerry amigo de los Sandinistas**".

El informe Pastrana, que se publica periódicamente en Nicaragua, reveló lo siguiente:

> "*La columnista del influyente diario norteamericano The Wall Street Journal, María Anastasia O'Grady, fustiga hoy la designación del senador demócrata John Kerry como nuevo Secretario de Estado, decisión que tomó el presidente Barack Obama.*
>
> "*América Latina conoce de sobra la peligrosa combinación de la arrogancia de Kerry y, para usar un término diplomático, su ingenuidad. En 1985, en medio de la Guerra Fría, encabezó una delegación de legisladores a Nicaragua, donde se reunió con el comandante sandinista Daniel Ortega. La reputación de los sandinistas como violadores de derechos humanos ya estaba bien establecida y los soviéticos estaban asediando América Central. De todas formas, a su regreso de Managua, Kerry se mostró partidario de poner fin al apoyo estadounidense a la resistencia conocida como los "contras". La Cámara de Representantes siguió su recomendación y rechazó un paquete de ayuda de 14 millones de dólares para los contras. Al día siguiente, Ortega voló a Moscú para obtener 200 millones de dólares en ayuda del Kremlin*", dice la comentarista.*

O'Graddy sostiene que por eso en 2004 los sandinistas se declararon a favor de la candidatura presidencial de Kerry por el Partido Demócrata.

Vuelve a fustigar a Kerry al recordar que en 2009 intercedió a favor del depuesto presidente de Honduras, Manuel Zelaya.

"Cuando el senador republicano Jim DeMint planeó un viaje a Tegucigalpa para reunir antecedentes, la oficina de Kerry intentó impedirlo al tratar de bloquear la financiación. Cuando la Law Library of Congress, un ente investigativo del congreso estadounidense, concluyó que la Corte Suprema de Honduras actuó conforme a la ley, Kerry le escribió al director de dicha oficina exigiendo que la opinión fuera retractada y "corregida". En el segundo trimestre de 2010 un empleado de la oficina de Kerry viajó a Honduras para presionar al gobierno para que adoptara el relato de Obama de que se trataba de un golpe de Estado", dice la columnista del Wall Street Journal.

"Todas estas actividades tienen un patrón común y es que Kerry continuamente está en el lado equivocado de la historia. Pedirles a los estadounidenses que crean que su desempeño como Secretario de Estado será diferente, es pedirles que crean en lo inverosímil", alega O'Graddy.

Hasta aquí el informe Pastrana.

El gran peligro que tendrá Latinoamérica será que seguramente Kerry cooperará con la izquierda mundial y estos aprovecharán para que Honduras caiga y de esa forma tengan un gobierno que pueda cooperar con la estrategia de terrorismo que los iraníes, conjuntamente con Venezuela, Nicaragua y El Salvador tienen planeado para atacar los EE. UU. y cualquier otro país que se les oponga.

En *El Nuevo Herald* del 23 de febrero de 2011 se publicó lo siguiente: **"Castro y Ortega apoyan a Kadafi ".**

Otros medios escritos y de TV publicaron lo mismo. Aunque el mundo condena a Gadafi por la bárbara forma que reprime a su pueblo y, además, por sus diferentes actos de terrorismo cometidos durante años en diversas partes del mundo, los flamantes tiranos —los Castro y Ortega— condenan la defensa que se realiza en beneficio del pueblo libio.

Preocupa a EE. UU. alianza de Irán con Venezuela y Cuba

(Antonio María Delgado)

Legisladores y expertos estadounidenses expresaron el jueves su preocupación por la creciente influencia de Irán en el hemisferio occidental, ante la aparición de evidencias de que organizaciones terroristas como Hezbolá están uniendo fuerzas con los carteles de drogas y de la disposición de Caracas y La Habana para forjar una peligrosa alianza antiestadounidense con Teherán.

Los legisladores reunidos en una audiencia de la Comisión de Relaciones Exteriores de la Cámara de Representantes exploraron los comentarios brindados esta semana por el director de Inteligencia Nacional, James Clapper, quien dijo que Irán podría haber re calculado su estrategia y ahora está dispuesto a lanzar ataques contra Estados Unidos.

Los integrantes de la comisión expresaron temor de que los gobiernos de Hugo Chávez en Venezuela, Daniel Ortega en Nicaragua, Rafael Correa en Ecuador y Raúl Castro en Cuba estén colaborando y, en algunos casos, participando activamente con Irán en la preparación de esos ataques.

"El régimen iraní ha formado alianzas con Chávez, Ortega, Castro y Correa que muchos creen pueden desestabilizar al hemisferio", dijo Ileana Ros-Lehtinen, presidenta de la comisión.

"Estas alianzas podrían representar una amenaza inmediata al darle a Irán —directamente a través del IRGC (la Guardia Revolucionaria) la Fuerza Qods (unidad especial de la Guardia Revolucionaria) o sus representantes, como el Hezbolá— una plataforma en la región para lanzar sus ataques contra Estados Unidos, nuestros intereses y aliados".

Expertos consultados durante la audiencia resaltaron que Irán en realidad no tiene gran afinidad económica con América Latina, indicando que el intercambio comercial con la región es más bien relativamente bajo.

Pero el país islámico ha encontrado en Chávez, y en los países del ALBA, a través de la influencia ejercida por el mandatario venezolano, un gran aliado estratégico que le ha permitido abrir operaciones en la región, ayudándole por un lado a evadir las sanciones impuestas en su contra por Europa y Estados Unidos, y por otro a establecer bases de operaciones.

Esta unión entre Irán, Venezuela y Cuba parece estar motivada por razones que trascienden lo que en Estados Unidos sería considerado como un interés nacional según testificó ante la comisión el profesor adjunto del Instituto de Estudios Cubanos y Cubanoamericanos de la Universidad de Miami, José Azel.

"En el caso de Irán, Cuba y Venezuela, el punto de unión parece ser una hostilidad virulenta contra Estados Unidos, la democracia liberal e Israel", dijo Azel.

"En otras palabras el nexo entre (el presidente iraní Mahmud) Ahmadinejad, Castro y Chávez es fundamentalmente una alineación antiestadounidense y, como tal, sigue su propia lógica y sus propias reglas de juego", añadió.

Michael Braun, exjefe de Operaciones de la Agencia

Antidrogas de Estados Unidos (DEA), expresó preocupación por los crecientes nexos entre Hezbolá, agrupación declarada terrorista por Washington, y el narcotráfico.

Esta unión, así como la alianza entre la Fuerza Qods y los carteles ya se está produciendo en la región, aseguró.

"Ambas organizaciones, ya están extensamente involucradas en el tráfico mundial de cocaína y de heroína", dijo Braun, quien también es socio gerente de la firma de asesores Spectre Group International, LLC.

"Y debido a esa vinculación, en este ambiente que vivimos después del 9-11, una proporción cada vez mayor de sus soldados están en nuestro vecindario, y cada vez más en nuestra puerta de entrada, forjando alianzas con los más peligrosos carteles de México y Colombia, incluyendo a las Fuerzas Armadas Revolucionarias de Colombia", señaló.

"Esta unión es muy peligrosa, en vista de la vasta red de bandas dedicadas a la distribución de drogas dentro de 250 ciudades de Estados Unidos, algunas de las cuales obedecen a los carteles.

"La Fuerza Qods y Hezbolá están al tanto del valor estratégico de la red que el narcotráfico ha creado en nuestras ciudades y de toda la infraestructura que ha sido creada a lo largo de muchos años para brindarle respaldo a esa actividad", comentó Braun.

El representante republicano por Florida, Connie Mack, dijo que la creciente presencia de estas organizaciones en América Latina es producto de la influencia en la región de Venezuela, país que ha facilitado los esfuerzos de Irán por evadir las sanciones impuestas por sus intenciones de desarrollar armas nucleares.

Mack, quien promueve en Washington que Venezuela sea agregada a la lista de países que apoyan el terrorismo, añadió que *"llegó el momento de actuar para contrarrestar la noción de que ayudar a Irán no trae consecuencias"*.

"Para que aquellos países e instituciones financieras que trabajan con Irán sepan que están socavando sanciones internacionales, la seguridad de la comunidad internacional y su relación con Estados Unidos", advirtió Mack, quien es jefe de la subcomisión para América Latina.

Washington sancionó en mayo pasado a la estatal Petróleos de Venezuela, S. A. (PDVSA), por sus relaciones comerciales con Irán, y en enero expulsó a la cónsul venezolana en Miami, involucrada en un presunto complot iraní para realizar ataques cibernéticos contra Estados Unidos.

Este artículo fue complementado con servicios cablegráficos de *El Nuevo Herald*.

Si a todo esto le agregamos que el presidente Santos de Colombia, inexplicablemente, está logrando que los criminales y terroristas de las FARC —"en nombre de la paz"— conquisten el poder en las próximas elecciones de su país, ¿qué será de Colombia y del resto de América Latina? Son ingenuos aquellos que puedan pensar que en unas elecciones libres, las FARC no ganarán y no gobernarán a Colombia, convirtiéndola en otra Venezuela, Cuba o Nicaragua.

El populismo es un arma que le pertenece a la izquierda, ellos pueden prometer justicia, trabajo, casas para los pobres, escuelas, hospitales y toda una panacea que, aunque económicamente lo pudieran hacer, no lo harán porque no es su doctrina, simplemente veamos a Cuba, Venezuela, Nicaragua y cualquier otro país controlado por las izquierdas.

Si recordamos esos tres países, así como cualquier otro que haya caído bajo regímenes de izquierda, vienen a nuestra mente países hermosos, con poblaciones alegres, tranquilas, sin odios, países agradables, amigables, dispuestos a mejorar, pero nunca a retroceder como les ha sucedido.

Es increíble que muchos ciudadanos, viendo el desastre que han realizado los socialistas en todas partes del mundo —y en especial contra ellos mismos—, todavía puedan darles su apoyo, confiar en ellos, aun sabiendo que engendran una corrupción de grandes proporciones, que solo los beneficia a ellos y a sus allegados, esto lo podemos ver en 2012 en España, Grecia y América Latina.

CAPÍTULO XX

La izquierda, siempre alimentando odios y pobreza

La izquierda no descansa en la búsqueda del mal, los tiranos se mantienen unidos para destruir al capitalismo y enviar terroristas principalmente a los Estados Unidos; muchas de las instituciones importantes como la OEA están en manos izquierdistas, los medios de comunicación en su mayoría son de izquierda, como consecuencia de todo este desastre, o los que creemos en la auténtica democracia nos unimos o seremos destruidos más pronto de lo que nos imaginamos.

Todos los días, no importa la hora, tendremos alguna noticia que favorezca a los tiranos, aunque la disfracen para que no parezca que los estén favoreciendo, lo importante es lograr que avancen en sus pretensiones, ¡hay más miedo que valor para enfrentarlos!, cerrar los ojos y acomodarnos es más fácil que luchar contra ellos; lamentablemente esa es la actitud de una gran mayoría, pero sus consecuencias serán desastrosas.

Muchas veces vemos en un programa de TV, por ejemplo, que están entrevistando a un auténtico demócrata, hombre de derecha y a uno o dos de izquierda, siempre observaremos cómo las cámaras enfocan a los de izquierda y cómo les permiten hablar sin interrupciones, en cambio al de derecha lo interrumpen y con frecuencia lo dejan de enfocar.

Durante la visita del Santo Padre a España en 2012, vimos lo que nunca ha podido hacer un político o un artista: reunir más de millón y medio de españoles saludando a su Santidad, sin embargo los medios de comunicación apenas le dieron cobertura; pero por ejemplo, si un terrorista es abatido como fue el caso del terrorista colombiano que mataron en la frontera entre Ecuador y Colombia, su cobertura duró un año.

Tenemos que reaccionar, no podemos dejar que nuestra pasividad conduzca a la destrucción de un mundo tan hermoso como el que se ha venido construyendo por nuestros antepasados, seamos claros, no tengamos miedo en aceptar que la izquierda es producto del mal y sus consecuencias permitirán destruir nuestro pacífico mundo, o al menos una gran parte.

Observemos lo que hacen con el poder judicial, simplemente lo manejan a su antojo, las arbitrariedades son impresionantes, el 9 de diciembre de 2012 el estupendo periodista Carlos Alberto Montaner relató en *El Nuevo Herald*, en la columna "Perspectivas", la triste situación judicial existente en los países de izquierda, aquí una parte de su relato:

> *Una jueza venezolana, María Lourdes Afiuni, cumplió con la ley y Hugo Chávez la hizo encarcelar. Afiuni tenía que pronunciarse sobre un detenido que llevaba tres años de prisión preventiva, el empresario Eligio Cedeño. La ley establecía un máximo de dos, de manera que lo puso en libertad, como era su deber. Chávez la insultó y aseguró que Bolívar la hubiera fusilado. Él la encerró en una cárcel para mujeres que es algo así como la casa del Marqués de Sade.*
>
> *Una vez en esa horrible prisión algunos guardias violaron a la jueza, resultó embarazada y perdió la criatura. La señora*

tiene casi 50 años. Luego padeció cáncer y fue operada. Ante esa circunstancia, la condenaron a arresto domiciliario. Pero para que no olvidara quién manda en el país, los chavistas atacaron a tiros el edificio donde vive. Milagrosamente, nadie salió herido.

En Ecuador, el presidente Rafael Correa asegura que, como es el Jefe de Estado, también es la cabeza del Poder Judicial y del Poder Legislativo. Nadie le explicó nunca que la clave del modelo republicano es la separación de poderes, los límites legales de la autoridad y el imperio de la ley. Por eso no le parecía extraño ni repulsivo que la sentencia que lo favorecía en su pleito con el diario El Universo hubiera sido redactada por su propio abogado. Él es el dueño de la justicia.

Daniel Ortega, el presidente de los nicaragüenses, pone y quita jueces a su antojo. Escapó de la acusación de haber violado a su hijastra con la complicidad de un juez provisional que actuó con la velocidad de un carterista.

Fue absuelto y liberado en una tarde inesperada y vertiginosa. Utilizó los tribunales para mantener a raya al expresidente Arnoldo Alemán y para amenazar al candidato Eduardo Montealegre. Para Ortega, el Poder Judicial no es una rama esencial del gobierno de la república, sino un instrumento de control político, amedrentamiento y castigo. Es como un palo con el que golpea o amenaza a sus adversarios.

Hasta aquí el relato del periodista Carlos Alberto Montaner, que pueden leer completo, localizando la fecha de publicación, en *El Nuevo Herald*.

Que Dios, nuestro Señor, proteja a nuestro mundo, que no permita que por seres pasivos e impávidos ante la situación que estamos viviendo a causa de la izquierda, nuestro mundo sea destruido, tenemos que despertar valientemente, tenemos que salvarnos y salvar las futuras generaciones.

Hagamos que nuestras generaciones conozcan los crímenes que han realizado a nivel mundial, los robos, las injusticias y los sufrimientos de los pueblos, tenemos que contarle a las generaciones venideras las acciones y destrucciones que han realizado las izquierdas, debemos darle la importancia que este tema tiene para que nuestros descendientes jamás caigan en sus redes.

Vemos que en Nicaragua, aunque protesten por la elección fraudulenta que fue comprobada por miles de personas, de nada les sirve; la OEA ya reconoció el fraude, es más, desde el mismo domingo 6 de noviembre a las 8:00 p. m. de 2011 su director José M. Insulza llamó a Ortega para felicitarlo. El mundo continúa y solo pueden comentar y exclamar: ¡qué brutos los nicaragüenses!, cómo pudieron permitir la reelección ilegal de Ortega.

El Nuevo Herald publicó el 1.º de diciembre de 2011:

Ros-Lehtinen exige mano dura con Nicaragua

La congresista Ileana Ros-Lehtinen cuestionó duramente el miércoles la "incorrecta" postura de la administración Obama frente a la cuestionada victoria electoral de Daniel Ortega en Nicaragua, diciendo que Washington debería desconocer los resultados y exigir la realización de nuevos comicios".

Ros-Lehtinen, quien preside el influyente comité de Relaciones Exteriores de la Cámara de Representantes, auspiciará el jueves una audiencia para investigar las acusaciones de que Ortega ganó los comicios presidenciales de inicios de mes a través del fraude.

"La democracia en Nicaragua sigue en peligro y la administración de Obama no ha hecho nada y en verdad tampoco los mismos nicaragüenses".

"La Casa Blanca tiene que reconocer las injusticias que están

ocurriendo diariamente en Nicaragua y condenar las acciones de Ortega, que van en contra de los principios democráticos.

Dijo la congresista a *El Nuevo Herald*.

El artículo continúa y es muy interesante todo lo que ha relatado esta gran mujer que siempre ha defendido los principios democráticos de cualquier país, sin embargo, el miedo que invade a cada nicaragüense, como sucede en Cuba o cualquier otro país secuestrado por la izquierda, es tal, que no podrán hacer nada, simplemente les queda actuar como un pueblo tonto tal como lo relataron en su libro *El Regreso del Idiota* Vargas Llosa, Carlos Alberto Montaner y Plinio Apuleyo Mendoza.

Si el pueblo nicaragüense pudiera seguir el ejemplo del heroico pueblo de Honduras, que a pesar de tener a todo el planeta Tierra contra ellos presionándolos para que cayeran en la izquierda no lo aceptaron y lucharon contra las peores pruebas que el mundo les impuso; Nicaragua llegaría a recuperarse de todo su desastre en menos de diez años y la democracia devolvería al nicaragüense la felicidad que tanto merece.

Sin embargo, Honduras no ha tenido ninguna cooperación de la derecha mundial, han sido olvidados, se les ha dejado solos, seguramente por el miedo a los izquierdistas y, como consecuencia, la izquierda mundial los ha doblegado y se han visto obligados por la presión de la OEA y los países del ALBA, principalmente, a permitir que Zelaya regrese sin ser sometido a juicios por todos los delitos cometidos, es decir, la izquierda mundial ha triunfado en Honduras, ahora solo necesitan los siguientes pasos para iniciar los procesos de entrenamiento de terroristas en sus montañas conjuntamente con los de Nicaragua.

Lo que le faltó indicar al valiente señor Noriega

cuando visitó Centroamérica es que el mundo ha olvidado la importancia que tiene Honduras para Irán, Venezuela, Nicaragua y Cuba, olvidaron que de las montañas de Nicaragua y de Honduras saldrán miles de terroristas cuyo destino principal será EE. UU.

Si el capital por razones comprensibles no se puede enfrentar contra la izquierda, al menos apoyemos una organización que pueda luchar contra ellos, esto es posible con la voluntad de cada uno de nosotros, los que podamos apoyemos con nuestro dinero, con nuestro respaldo moral, con oraciones, recomendando periodistas de derecha, libros, revistas, etc., lo importante es hacerlo y no quedarnos como simples espectadores; esta organización, bien respaldada por ciudadanos del mundo, con deseo de que no triunfe el ateísmo, el crimen, el robo, las injusticias, etc., sí se puede formar y llegar a ser una realidad que puede contribuir a cambiar el camino hacia la destrucción que está logrando la izquierda.

Si existiera una organización mundial de tipo militar para proteger a los países que fueran atacados por la izquierda, con más razón deberíamos tener una organización de ilustres personajes que nos defiendan con la pluma. Solo una potente organización de derecha luchando contra la izquierda, la corrupción y las injusticias y presionando para lograr leyes más justas, es que podremos llegar, los ciudadanos del mundo, a vencer la pobreza y las injusticias.

Recordemos que el líder de la "Escuela de Chicago" Milton Friedman ha expuesto que las libertades económicas y las libertades políticas son indisolubles.

Según el presidente Bush:

"La libertad no es un regalo que EE. UU. ofrece al mundo, sino un regalo que Dios hace a la humanidad".

¡Qué palabras más profundas las que dijo el presidente Bush!

Es una pena que la "esperanza", las "ilusiones" en los países secuestrados simplemente no existan, que al niño que debe ser cuidado como la joya más preciada de una sociedad no se le permita desarrollar el potencial que lleva en su interior, él debe acostumbrarse, porque desde temprana edad está predestinado al fracaso y a vivir obedeciendo la doctrina socialista.

El respeto al derecho ajeno es un principio fundamental para la libertad, para estimular la creatividad que todo ser humano lleva consigo, esa es una de las razones por las cuales la izquierda, al irrespetar el derecho ajeno, busca desesperadamente la confiscación de bienes, el atrapar la inteligencia del ser humano para que su desarrollo quede reducido a los caprichos y necesidades de los regímenes de izquierda, por eso es fácil distinguir —en los países que fueron o siguen atrapados por la izquierda— al ser humano completamente atrasado, desestimulado, lleno de miedo y prejuicios, su capacidad para salir adelante es mínima, está acostumbrado a recibir el pan sin el estímulo de que él puede, por sus propios medios, crear su propia riqueza.

Los pueblos secuestrados por la izquierda se vuelven, en su mayoría, tontos útiles, que siguen las instrucciones de tiranos como si fuera ganado que se lleva al corral a escuchar los discursos populistas del tirano.

El pan, hojas de zinc y otros artículos que estos regímenes de izquierda regalan a la gente pobre, no les sirven más que para hacerlos más pobres, en cambio en los países donde no impera la izquierda enseñan a pescar a la población, les dan educación y se preocupan por su bienestar para que se autosostengan.

Un gobierno tiránico nunca puede desear beneficiar a su

pueblo porque no cederá voluntariamente su poder, como ha sucedido en tantos países como Libia en el tiempo de Gadafi, Yugoslavia con Miloševic y Rumania con Ceausescu, Cuba con los Castros, los Sandinistas en Nicaragua, Chávez antes y ahora Maduro, en Venezuela y muchos otros más.

Estos países, con sus tiranos al frente, han seguido al pie de la letra la doctrina de la izquierda que para gobernar por largo tiempo sabe que es indispensable mantener a sus pueblos completamente subyugados en la pobreza, la humillación, el miedo y la corrupción.

Es una pena ver lo que se enseña a los niños contra el empresario en las escuelas públicas, escuchar cómo se envenena el alma de esa juventud que será utilizada por la izquierda para atacar, cuando una justa población se rebela contra el régimen del tirano.

Esa juventud —que ha sido adoctrinada desde la niñez— es la que más tarde será el gran problema de la nación porque los han convertido en lacras humanas sin capacidad productiva, solo listas para ir allí donde hay que destruir; los tiranos saben que la juventud está con ellos, por ejemplo, en Nicaragua que tiene más de 34 años (2013) de estar secuestrada, Cuba con más de 54 años, esos jóvenes son sandinistas o fidelistas; es muy difícil que no defiendan al régimen si desde niños los han preparado para combatir a sus supuestos enemigos, que son los capitalistas y los estadounidenses; no olvidemos que las Fuerzas Armadas y la Corte Suprema de Justicia siempre son controladas por los tiranos.

Es una lástima que aún no exista una organización que defienda los auténticos valores de la democracia y responda a la izquierda en todos sus ataques, que se logre penetrar por TV, radio y la prensa escrita a los países secuestrados para que la población entienda que está siendo explotada y sacrificada mientras otros países libres avanzan en proporciones gigantescas, que su sacrificio no es justo para ellos y menos para sus hijos.

Los nicaragüenses, por ejemplo, no se percatan de que para 2012 ya alcanzaron el primer puesto del continente, seguidos de Haití, en el nivel de pobreza, están confundidos por los petrodólares que envía Chávez y los mejores precios de sus productos de exportación como el café, sin embargo, a pesar de todo esto "han conquistado" el puesto de ser los más pobres de América. ¿Consideran justo que esto sea desconocido y aceptable por los nicaragüenses?

¿Cuántos nicaragüenses entenderán esta situación? Seguramente que muy pocos, de lo contrario habrían constantes demostraciones de inconformidad.

Muchos creen que el nicaragüense, por el dinero que hoy corre en su país, está cerrando sus ojos y oídos a la situación eterna que tienen con el sandinismo, es como un gallinero cuando le tiran la comida, todas las gallinas corren a ver quién coge más maíz y no alcanzan a ver nada más.

Cuando observamos a cualquiera de estos países controlados por la izquierda encontramos, por lo general, un ser humano sin interés por el trabajo, porque simplemente no hay motivaciones, no hay incentivos.

Si vemos, por ejemplo, los países asiáticos que no están controlados por la izquierda como Taiwán, Corea del Sur, Singapur, Hong Kong, etc., existe un gran interés en sus gobiernos en proporcionar la mejor educación y disciplina, la mayoría de su población ha sido bien educada y por consiguiente no tiene la pobreza ni las injusticias que vive el resto de los países asiáticos gobernados por la izquierda.

Cualquier persona que quiera comprobar lo que es Nicaragua —comparada con el resto de Centroamérica— se dará cuenta de que el sandinismo ha hecho retroceder al país en más de 74 años según información del Banco Mundial en 1990, a pesar de que Nicaragua antes de la revolución sandinista (1979) era el país que, en muchos índices, estaba por delante del resto de los países centroamericanos. ¿Qué ha pasado? Simplemente la izquierda ha destruido la nación.

En agosto de 2012 salió publicado en varios medios de prensa y TV que Nicaragua, además de haber "conquistado" el primer puesto en pobreza del continente americano, el PIB estaba al mismo nivel de 1978. Antes de la revolución sandinista (1979) el ingreso del nicaragüense excedía en más de un 30% al del resto de los países de Centroamérica, hoy —34 años después— el ingreso promedio del nicaragüense es menor de trescientos dólares y en el resto de Centroamérica fácilmente es más del doble o el triple. Antes de la revolución, por ejemplo, en Nicaragua era muy difícil conseguir una secretaria ejecutiva bilingüe por menos de 1400 a 2000 dólares, hoy 34 años después, ese salario es aproximadamente entre 400 y 600 dólares.

Lo triste, en el caso de Nicaragua y por supuesto el de Cuba, es que se está despilfarrando el futuro de varias generaciones. La izquierda no quiere reconocer que el hombre ha nacido para ser libre, para crear una familia, para tener futuro, esperanza y sobre todo para desarrollar sus propias habilidades, pero en auténtica libertad como sucede en una verdadera democracia.

El hombre no ha nacido para el mal, para ser un fracasado, un "tonto útil", para estar sometido al capricho de tiranos; que por el miedo logran doblegarlo y eliminarle esa fuerza productiva con que nace. El día que la izquierda se repliegue y acepte que es el mal del mundo, la corrupción desaparecerá, el trabajo y la educación florecerán, todas las plagas que afligen a la humanidad serán historias del pasado.

Aun el presidente Lula que dice ser socialista, aunque personalmente lo considero un enamorado del sistema capitalista dijo: "Los ricos también se benefician cuando los pobres dejan de serlo", este es, casualmente, uno de los éxitos del sistema capitalista, en cambio los socialistas buscan el empobrecimiento de todo el pueblo, exceptuando la cúpula que gobierna.

Veamos como los tontos útiles de la juventud chilena y española, para solo mencionar dos países como ejemplo, están haciendo constantes revueltas para no permitir a gobiernos auténticamente democráticos como el de los señores Piñeiro en Chile y Rajoy en España que están luchando para salvar a sus países de los desastres que le han dejado los socialistas, esta juventud está siendo dirigida por líderes izquierdistas que no pueden permitir que sus países salgan adelante.

Aunque Chile no ha podido ser destruido a los niveles, por ejemplo del socialismo español, aun cuando estuvieron en el poder los socialistas durante varios periodos, sin embargo, los avances que pudieron haber tenido con un gobierno de derecha hubiesen sido sustancialmente mayores.

El 10 de octubre de 2011 el diario *La Prensa* de Nicaragua publicó en primera plana:

Yo acuso a Daniel Ortega

Sacerdotes que han criticado al régimen dictatorial de Daniel Ortega, han sido asesinados, causando gran consternación y angustia entre muchos nicaragüenses, prácticamente todos los sacerdotes que se expresen en su púlpito o en privado en contra del régimen, pueden sufrir las mismas consecuencias.

También La Prensa informó en su artículo que el sacerdote Edwin Román —párroco de Nindirí— recibió amenazas, él comentó que el alcalde sandinista ha estado informándose quién le suministra la comida, dónde come, como si tuviera interés en envenenar mi comida, dijo el sacerdote.

"Yo acuso al gobierno de Daniel Ortega y Rosario Murillo,

acuso a este alcalde que aún no digo su nombre, acuso a Orlando Noguera, Juan Acuna, Clarisa Rivas de todo lo que a mí me pueda pasar", advirtió el párroco a su feligresía desde el púlpito.

También el sacerdote informó que un día se le apareció un emisario de Francisco López quien es funcionario de la empresa ALBANISA (empresa de Hugo Chávez y Daniel Ortega) que controlan la operación del petróleo que Venezuela entrega a Nicaragua, para disculparse gratificándolo; el sacerdote le contestó que él no vende su conciencia.

El sacerdote Marlon Pupiro fue salvajemente asesinado, por defender a los pobres de los abusos del sandinismo, en la madrugada del 20 de agosto de 2011, el obispo auxiliar de Managua Silvio Báez dijo que recibió información del secuestro del sacerdote Pupiro y que fue amenazado, el sacerdote Edwin Roman, denunció amenazas de muerte por exigir justicia y la verdad sobre el asesinato del sacerdote Pupiro, el Vicario de la diócesis de Jinotega denunció ultrajes por parte de la policía, a monseñor Ricardo Juárez también los sandinistas le han advertido que se cuide.

Cuba, Nicaragua, Venezuela y seguramente Bolivia y Ecuador, si no hay una rápida reacción, encenderán otros países hasta convertir al continente americano en un caos lleno de terror y sufrimiento, si Colombia y Honduras caen, puedo asegurar una destrucción permanente de la paz en el continente americano.

La izquierda avanza, el miedo paraliza las reacciones de los pueblos, al resto del mundo libre no le importa, creen que ellos no serán afectados como le sucedió a los venezolanos cuando Carlos Andrés Pérez que —con otros presidentes de izquierda— logró el secuestro de Nicaragua e Irán; sin embargo, años después Venezuela está sufriendo, porque ellos no quisieron reaccionar cuando Nicaragua fue entregada a la izquierda por estos presidentes socialistas.

Hay socialistas en España que están reaccionando al fracaso y la maldad de esa maldita doctrina que ha dejado a España en la pobreza y a millones de ciudadanos sin trabajo; el señor Ángel Gimeno, informaron los medios de comunicación españoles, que abandonó su Partido Socialista, él fue el candidato por la Federación Socialista a las autónomas madrileñas, pero no logró los avales necesarios.

Después de una militancia de 30 años en el Partido Socialista, ha decidido retirarse de ese partido al que ha considerado un engaño permanente en su vida, es aplaudible esta decisión del señor Gimeno, porque está enseñando al mundo que errar es de humanos y que siempre se puede rectificar, su ejemplo perdurará más allá de su propia vida.

En su comunicado, el señor Gimeno dijo que fue utópico intentar cambiar el Partido Socialista de Madrid y se refirió a varias personas que lo controlan, incluyendo su presidente Rodríguez Zapatero, quien se ha cargado el trabajo de los españoles a lo largo de 40 años, además reconoce el nivel de corrupción existente ahora en España y que no podrá sostenerse al haber entrado en quiebra todas y cada una de sus instituciones.

Entre otras de las verdades, que muy valientemente dijo el señor Gimeno, está el que los socialistas deben enterrar su partido político cuanto antes, sin embargo, ahora que está un gobierno de derecha, no lo dejan trabajar a pesar de la crisis que tiene España. Mientras la filosofía de la izquierda sea suprimir la libertad, que ha sido un regalo de Dios para cada ser humano, el mundo seguirá padeciendo de pobrezas, injusticias y desgracias.

Hay que recordar cómo, en 1989, el régimen comunista se derrumbó, la alegría fue mundial, solo los izquierdistas sufrieron porque eso hubiera ocurrido, a pesar de que saben que por casi cien años no han tenido libertad, solo sufrimiento y crímenes, incluyendo más de cuarenta millones de asesinatos.

La izquierda confisca no solo porque son simples y vulgares ladrones, sino porque es un método para controlar las libertades; la propiedad privada es un símbolo de la libertad, al robarla se pierde el estímulo de creatividad, el empuje con que todo ser humano ha nacido, el retroceso espiritual y material es inmenso y, por lo general, destructivo.

La izquierda jamás entregará el poder aceptando que un nuevo gobierno de derecha haga lo mejor por su pueblo, tenemos los casos recientes de Chile, donde los socialistas han aprovechado a los estudiantes para que causen toda clase de revueltas; también tenemos el caso de España, donde los socialistas la han dejado con millones de personas sin trabajo y en estado de quiebra, sin embargo, aun así luchan para obstaculizar el buen trabajo que está haciendo el gobierno de derecha del presidente Rajoy para salvar a España de la quiebra y de una mayor catástrofe.

La demagogia socialista en España es impresionante, ahora atacan a la iglesia, Caritas ha sido de una ayuda invaluable en cubrir las necesidades de muchos españoles, al igual que lo han hecho cientos de congregaciones existentes, ahora, con el paro de millones de españoles, son los que ayudan sin esperar ninguna recompensa, más que el amor humano que bellamente profesan.

El trabajo que realiza Caritas es gigantesco, ejemplar, impactante, en gran parte porque tiene a la iglesia respaldando sus actuaciones, realmente hacen una labor que debería ser aplaudida por todos los españoles y no criticada por los socialistas y, en especial, por una de las manos derechas del señor Rubalcaba, socialista fracasado que hoy dirige a ese

218

cuerpo responsable de la gran tragedia económica que está viviendo España.

Ahora estos socialistas están atacando a la iglesia y piden que para defender la crisis tienen la obligación de pagar los impuestos de bienes inmuebles por sus templos, conventos, colegios y por todas las casas de ayuda que la iglesia tiene en todo el territorio español. Los socialistas saben que una de las formas de seguir destruyendo la iglesia es obligándola a pagar impuestos, saben que la mayoría de los templos, escuelas, etc., quedarían cerrados al igual que las diferentes casas de ayuda que tienen en todo el país.

A los socialistas españoles no les importa que sean los más necesitados los que más se benefician con esta ayuda, lo importante para ellos es aprovechar cualquier posibilidad para eliminar la religión de los pueblos, causar mayores problemas al nuevo gobierno que está haciendo esfuerzos heroicos para evitar mayores desgracias.

La iglesia y sus aliados, como Caritas, ayudan a más de un millón y medio de familias, dan comida a casi cien mil personas por día, pero eso no importa, lo que importa es hacer prevalecer el odio visceral que tienen contra la iglesia, contra la derecha y contra todo aquello que signifique mejoramiento humano.

Esta actuación de la izquierda española es la misma que se vive en cualquier otro país secuestrado por estos indeseables y si en algún país no lo hacen de una vez y de frente, es porque están buscando cómo agarrarse bien para no soltar el poder por muchos años. Mientras la izquierda siga dominando, la injusticia, el odio, la pobreza y la destrucción de ellos se convierten en una terrible realidad.

Debemos ser cuidadosos para que nuestra descendencia nunca sea infestada por la doctrina del mal, lo que se logra teniendo siempre presente a nuestro Dios Padre, imitando lo bueno a través de pensamientos positivos que conducen a un mejoramiento de vida, debemos luchar para que las ideas positivas, sin envidias, creativas, progresistas, ocupen nuestra principal atención, nunca olvidemos esa frase célebre del presidente George W. Bush: "La libertad no es un regalo de USA, sino un regalo que Dios hace a la humanidad". ¿Entonces por qué la izquierda la quita?

La izquierda, con sus supuestas protecciones al trabajador, al estudiante, al pobre viene aplicando en muchas empresas su capacidad destructiva, al igual que en los estudiantes cuando les enseñan que el culpable es el capitalismo, que en los estadounidenses está el mal de la pobreza, de las injusticias.

Me contaba un graduado de la Universidad Nacional de Nicaragua que la razón por la cual no podía hacer unas simples tareas encomendadas en la empresa donde trabajaba era porque, en realidad, en los cuatro años de estudio no le habían enseñado nada, ya que los obligaban todos los días —en la primera década de gobierno sandinista (1980-1990)— a recibir instrucciones sandinistas y entrenamiento militar para defender la revolución, sin embargo, le aprobaron todos los cursos hasta entregarle el título de ingeniero.

En los países asiáticos que han logrado superar las doctrinas de la izquierda, por ejemplo, Taiwán, Corea del Sur, Singapur, Hong Kong, etc., el desarrollo de estos países es impresionante aun comparándolos con las economías más desarrolladas del mundo como puede ser la de EE. UU. y algunos países de Europa.

¿Existen las protecciones absurdas de los países socialistas en esos países orientales? ¡Definitivamente, no! ¿Enajenan a los estudiantes con inculcaciones contra el capital, contra los estadounidenses o el desarrollo de la envidia? ¡No!

En estos países asiáticos los resultados indican que sus economías florecen cada día más, el combate a la pobreza es continuo, sus estudiantes reciben por lo menos cuatro horas más de estudio por día que cualquier país controlado por la izquierda, tienen miles de graduados con títulos de doctorado en universidades de EE.UU y Europa y, por supuesto, en sus propias universidades; los funcionarios ocupan los puestos públicos por su capacidad y no por recomendaciones políticas o sumisión, el ingreso por habitante es de varios miles de dólares más que el de los países sumidos en las doctrinas de la izquierda o bien de lo que hoy llaman el Socialismo del siglo XXI.

Es fácil percibir, en esos países asiáticos, que los empleados de una organización trabajan hasta terminar sin preocuparse del horario, sin embargo alcanzan ingresos superiores a los 35 800 dólares por habitante, mientras que en países controlados por la izquierda no se llega a cinco mil dólares.

¿Tienen estos asiáticos liquidación de sus horas extras? ¡No! El razonamiento que prevalece en ellos es que cuanto mejor está la empresa o institución donde trabajan, mejor estarán ellos y por consiguiente sus familias.

El éxito de estos países asiáticos no es más que el haber reforzado la educación, eliminando la doctrina destructiva que representa la izquierda, si recordamos que hace 40 años estos países asiáticos también producían azúcar, bananos y otros productos agrícolas al igual que los latinoamericanos, sin embargo, 40 años más tarde vemos la gran diferencia entre ellos y América Latina. Hoy esos países son los mayores exportadores mundiales de chips, componentes de computadoras y cientos de otros productos de alta tecnología, además de sus productos agrícolas.

Los países controlados por la izquierda siguen sufriendo —como es el caso de Nicaragua, el país más pobre del continente americano y, por supuesto, Haití lo sigue— las inclemencias e injusticias que se viven en esos países controlados por

las izquierdas donde no tienen jamás las mismas oportunidades que disfrutan los países donde la izquierda no controla,
están llamados a crecer en pobreza, en crímenes, robos y
toda clase de penalidades, no importa lo rico que sea el país,
como es el caso de Venezuela, donde hoy la carestía de los
alimentos y productos básicos es altísima y está acompañada
de crímenes, secuestros, etc.

Otro de los principios que utiliza la doctrina de la izquierda
es que para gobernar por largos periodos es absolutamente
necesario instaurar la "corrupción", arma importante que los
tiranos saben utilizar.

En un interesante artículo publicado en *El Nuevo Herald*
el 3 de febrero de 2012 se informa que los gobernantes de
Venezuela, Nicaragua, Ecuador y Cuba están colaborando y
participando con Irán.

La izquierda, aprovechándose de verdades a medias
y de poblaciones pobres, ha realizado en muchos países,
verdaderos desastres con sus poblaciones, como ha sido el
caso de Grecia con una situación económica insostenible.

Los socialistas deben quedar claros, si no quieren seguir
haciéndole daño a la población y a sí mismos, que su doctrina
es un fracaso total, que la envidia, la corrupción, el crimen, el
robo, el terrorismo no los llevará jamás a tener una población
feliz, productiva; más bien deben fijarse en países donde la
doctrina de la izquierda no tiene el control del país, como han
sido los EE. UU., Corea del Sur, Chile y algunos otros países
que se han salvado del maligno socialismo.

Es una realidad que la propiedad privada es causa y
efecto de la mayor base que puede tener un país, destruirla
por cualquier medio que se utilice es un asesinato a la misma
población que sufrirá las tristes consecuencias.

La razón que utilizan los regímenes de izquierda o
socialistas al practicar confiscaciones —por cualquier

medio— es para despojar al ciudadano y convertirlo en un esclavo del estado, además del placer de enriquecerse sin ningún esfuerzo, sin embargo, estos robos al poco tiempo se les convierten en propiedades improductivas, propiedades muchas veces en ruinas.

Para los socialistas que están alrededor de la cúpula de mando, es imperativo participar y apoyar todas las leyes por arbitrarias e injustas que sean, en realidad por lo general son menos de 100 los que logran obtener las mayores riquezas del país, el resto del pueblo sufre de las limitaciones existentes.

La creatividad, las ideas altruistas y generosas son parte inherente al ser humano, destruírselas es convertirlos en seres humanos donde sus pensamientos positivos que conducen a un mejoramiento de la vida no existen, sus ideas son destructivas y por lo general violentas, tienen claro que su prosperidad es en función de seguir las reglas impuestas por los tiranos que lo gobiernan, pues gozan con el mal ajeno y pretenden que todos estén pobres y desgraciados.

Algunos medios han informado que a los EE. UU. les preocupa la hermandad existente entre Cuba, Nicaragua y Venezuela con Irán, ellos saben que los partidos gobernantes de estos tres países son sus enemigos y que no descansarán hasta lograr que miles de terroristas invadan el suelo de EE. UU., sin embargo, la pasividad y tolerancia del gobierno estadounidense sorprende al mundo democrático.

Ecuador, Bolivia, Argentina y muy seguramente Colombia, que será gobernada muy pronto por las FARC, aumentarán la preocupación de los estadounidenses, sin embargo, será muy tarde, al igual que pasó con el gobierno del presidente Carter, simpatizante y responsable de lo que acontece en Irán y América Latina tanto con las drogas como con el terrorismo.

Con las FARC gobernando a Colombia y Honduras en

manos de la izquierda no habrá forma de que EE. UU. controle el terrorismo dentro de su territorio, serán miles de terroristas los que llegarán al territorio estadounidense, algunos serán apresados como lo han sido los traficantes de drogas, pero habrá miles que no lo serán.

Con el socialismo, que bajo el gobierno del presidente Obama avanza más, tanto en EE. UU. como en el resto del mundo, es fácil predecir los sufrimientos y retrocesos que tendrá la humanidad próximamente, quisiera estar equivocado, pero lamentablemente creo que no lo estoy, a no ser que se produzca un fuerte revés para la izquierda, lo que parece improbable.

No sabemos si los estadounidenses, por ignorancia o porque no le dan importancia al crecimiento de la izquierda en Latinoamérica, porque están más ocupados en otras regiones que consideran más importantes, es que lo permiten; hasta me atrevería a decir: facilitan el crecimiento de sus enemigos en su propio continente, los que lograrán atacarlos en su propio territorio con el arma poderosa que es el terrorismo.

Si en el caso de una organización de secuestradores, criminales y narcoterroristas que es mundialmente reconocida como las FARC, la izquierda mundial está logrando que en nombre de la paz entren al escenario político y no a la cárcel, prácticamente podemos percibir que los países que aún no han caído en la izquierda en América Latina, caerán.

¿Qué significará para el mundo este peligroso escenario?, es fácil predecirlo, no habrá lugar seguro para el capital en América Latina, las pérdidas de capital en todo el continente americano serán impresionantes, la pobreza será terrible en toda América Latina y, por otro lado, con el avance de leyes socialistas en los Estados Unidos, tendremos que aceptar que la democracia ha perdido su liderazgo, que serán la injusticia y las arbitrariedades las que gobernarán: la maldita izquierda.

El esfuerzo laboral, la creatividad, el sacrificio con que se formaron millones de capitales serán destruidos, todo ese capital que legítimamente correspondería a las siguientes generaciones para que el mundo siga creciendo y desarrollándose en sano crecimiento, simplemente no será más que un recuerdo si es que hasta eso no se pierde.

Es una pena que no se respalde a aquellas personas que constantemente están prediciendo todo esto, lo cual ocurrirá por el descuido actual, no solo del gobierno de EE. UU., sino aún peor, por el mismo capital que cree que no serán afectados; el "yo qué pierdo" y la falta de responsabilidad de los capitalistas que prefieren cerrar sus ojos y no buscar soluciones, es muy preocupante.

El senador por la Florida Connie Mack, por ejemplo, ha advertido en muchas ocasiones del peligro que significa la influencia de Venezuela en la región latinoamericana, de igual forma lo han hecho los senadores Díaz Balar, Rubio y muchos otros más, sin embargo sus advertencias no han tenido ningún eco, tanto dentro del gobierno de EE. UU. como en los empresarios latinoamericanos.

Los socialistas siempre le están endosando el problema a los gobiernos de derecha o bien a los empresarios, a los bancos, a la globalización, a los estadounidenses, a la iglesia, lo importante para ellos es crear alborotos y causar malestar para que afecten el buen funcionamiento de un país.

Los socialistas dividen las sociedades, dividen familias, dividen el país, en fin todo aquello que les permita sacar ventaja para sus malignos propósitos, es una verdad irrebatible que los socialistas, debido a su forma de ser, son la causa y efecto de las pobrezas e injusticias del mundo. Otra característica de los socialistas es la incompetencia con que gobiernan, el personal que seleccionan es más por su apoyo al partido que por su preparación académica.

Todos sabemos que los competentes crean riquezas, crean progreso, crean trabajo, no son egoístas, trabajan por el bien de todos y se alegran por el progreso de su país, en cambio los socialistas destruyen riquezas, destruyen trabajos, causan incertidumbre en las sociedades al manejar la justicia como más les convenga a sus propósitos malignos, crean corrupción, se hacen los tontos ante crímenes, actos de terrorismo, no saben crear lo bueno, solo tienden a lo malo.

Los socialistas reparten las riquezas conquistadas en su país por sus antepasados, hasta el punto de perder los trabajos, van destruyendo al ser humano inculcando odios, mentiras, calumnias, agresividad, robo, logran —cuando permanecen varias décadas— crear tiranos y todo un gobierno de corruptos y muchas veces asesinos.

Se ensañan contra el hombre creativo que con su esfuerzo a logrado fomentar riquezas, mejorar su comunidad, son miles los ejemplos de las injusticias del socialismo contra el hombre creativo; al hombre productivo le destruyen fábricas, bancos, haciendas, su casa, en fin acaban con él y con todo lo que había creado, después se verán todas esas obras productivas en ruinas.

La estrategia principal del socialismo es gastar millones en armamentos, que solo sirven para amedrentar a su población, compran voluntades y sobre todo rompen la familia, creando divisiones entre padres e hijos, entre amigos y familiares, la verdad es que acaban con todo, he ahí el peligro cuando toman el poder. Otra de sus características es el despilfarro, no me equivoco al decir que cuando logran bajar de la pobreza a la miseria a sus pueblos es cuando verdaderamente los conquistan por décadas.

Si observamos a los socialistas —no importa de qué país sean— nos percataremos de su deseo genuino de hacer el mal, de producir leyes contra el hombre productivo, de destruir sus mejores fuentes de trabajo, las confiscaciones no son más que pasar lo expropiado a manos improductivas y destructivas.

Con lo que no cuentan los socialistas, por mucho dinero que regalen para comprar seguidores, es que de donde sacan lo que dan, se agota, lo hemos visto en Grecia, España, Venezuela, Nicaragua, Cuba y muchos otros países.

Todos hemos visto cómo los izquierdistas Fidel y Raúl Castro con el nicaragüense Daniel Ortega daban su respaldo al terrorista libio Muamar Kadafi, cómo estas figuras del mal hicieron presión en diversos países para que no permitieran la intervención de la ONU.

Si al peligro que significan los petrodólares de Venezuela para la región, le agregamos la importancia que tiene para Irán los territorios de Nicaragua, Honduras y El Salvador, comprenderemos que en el momento en que caiga Honduras, la región se convertirá en la mayor productora de terrorismo cuyo destino principal es Estados Unidos, y ya no digamos cuando las FARC controlen el nuevo gobierno de Colombia.

Ya en la década del ochenta el presidente Reagan (q. e. p. d.) combatió a los sandinistas apoyando la contrarrevolución debido a que en las montañas de Nicaragua los sandinistas daban entrenamiento a los terroristas de las FARC y del FMLN de El Salvador, ahora imaginemos lo que podría ser si Honduras tuviera un régimen de izquierda y tuviéramos otro Carter en la Casa Blanca.

Qué les pasa a los estadounidenses y latinoamericanos, ¿será que olvidaron por qué luchó el presidente Reagan contra los sandinistas? Ahora es más fácil comprender el porqué la OEA y muchos otros países controlados por la izquierda hicieron hasta lo imposible para que regresara el expresidente Zelaya al poder, es más, no descansarán hasta lograr sus propósitos.

Aunque el pueblo hondureño se comportó heroicamente

cuando destituyó a Zelaya, la amenaza de la OEA y de los países de izquierda sobre Honduras lo doblegaron, Honduras es importantísima para los planes de la izquierda.

El gran peligro para Latinoamérica es que muchos países no le dan importancia a la unión existente entre los tres países del mal, que unidos están luchando para afectar a los estadounidenses y a la empresa privada.

La importancia de esos tres países para Irán es clara, por eso han llegado a Nicaragua muchísimos iraníes y de otros países y después desaparecen. Muchos nicaragüenses se preguntan: ¿Será que ya están usando nuevamente las montañas de Nicaragua para entrenar terroristas?

Aunque es cierto que EE. UU., según los medios de comunicación, se ha preocupado por los vuelos semanales entre Irán y Venezuela, como lo dijo al senado el 7 de abril de 2011 el jefe del Comando Sur de EE. UU., el General Douglas Fraser, hasta el momento no han hecho absolutamente nada; ellos deben saber que si los iraníes entran a Venezuela y Nicaragua sin necesidad de visa, es porque están cumpliendo alguna misión importante; lo más seguro será entrenamiento en las montañas de Nicaragua en cooperación con los grupos terroristas de las FARC.

Los estadounidenses no son tontos, ellos saben que Cuba, Nicaragua y Venezuela son sus enemigos, que sus tiranos no descansan estudiando formas para afectarlos; sin embargo, aún nadie comprende por qué tanta tolerancia de Estados Unidos con estos enemigos que seguirán en su lucha para conseguir más países que se les unan a la doctrina de la izquierda, ¿por qué tanta tolerancia?

Prácticamente, con los tratados de paz de Colombia con las FARC, podemos estar seguros de que Colombia se unirá a Cuba, Venezuela y Nicaragua para atacar con terroristas a Estados Unidos.

¿Será que no les importa que día a día en estos países adoctrinen a decenas de miles de niños para inculcarles odio contra Estados Unidos y el capital?

El 11 de febrero de 2011 fue publicado por la *Agencia France Presse*:

Presunto etarra estuvo con las FARC en Venezuela

Arturo Cubillas fue visto en un campamento de la guerrilla colombiana en Venezuela, es miembro del gabinete del presidente Chávez y se mueve con facilidad entre Nicaragua y Cuba.

Cubillas forma parte de los doce miembros de ETA, seis de los cuales están en Venezuela moviéndose siempre entre las montañas de Colombia con los grupos de las FARC, algunos miembros de las FARC, que han sido capturados por el ejército de Colombia, han declarado que fueron entrenados en la utilización de explosivos por miembros de la ETA.

¿Qué significa esto? Simplemente, antes Chávez y ahora Maduro, Ortega y los Castros necesitan terroristas en la región, es imperativo que se ambienten en los suelos americanos lo antes posible para que puedan dar entrenamiento terrorista a los que irán a atacar los Estados Unidos.

En noviembre de 2011 fueron las elecciones presidenciales en Nicaragua y aunque la candidatura de Daniel Ortega era ilegal, él sabía que saldría de nuevo presidente, sin importarle los muertos, los heridos y las protestas del pueblo contra su candidatura a la presidencia, él sabía que la comunidad internacional y, en especial, la OEA lo defenderían.

Desde el mes de abril de 2011 los estudiantes —conjuntamente con otros bandoleros— tomaron las rotondas de la capital donde dormían y comían con el objetivo de evitar las protestas contra el régimen izquierdista; con tal propósito se acumularon armas blancas, morteros, pistolas, piedras, etc., en cada rotonda, lo importante era evitar que el pueblo protestara contra el tirano Ortega.

Los petrodólares venezolanos corrieron con prodigalidad en Nicaragua, cientos de millones entraron al país, los sandinistas repartieron dólares, muchos de ellos falsos, lo importante era tener al pueblo listo para que votara por ellos y que, naturalmente, viniera un Insulza de la OEA a certificar que es de nuevo presidente, ¡el pueblo lo reeligió!

El capital nicaragüense, por ejemplo, es tan miope que justifica la conveniencia de los sandinistas en el poder alegando que, en la oposición, la mayoría son corruptos e incapaces de poder gobernar como lo está haciendo Daniel Ortega; aunque admiten la sed insaciable que tiene Ortega y sus familiares de enriquecerse mediante la alta corrupción con que manejan el país, pero no le dan importancia.

El 4 de abril de 2011 *El Nuevo Herald* publicó:

Denuncian el comunismo disfrazado de Hugo Chávez

La revolución bolivariana, exportada y financiada por Hugo Chávez, no es más que el modelo comunista de Fidel Castro, reempaquetado con un nuevo nombre y endulzado con cucharadas de democracia para confundir el paladar de los incautos y para servir de excusa a una comunidad internacional que por conveniencia ha decidido no hacer nada, sostuvieron los foristas que incluyó al presidente interino de Honduras Roberto Micheletti.

"El socialismo del siglo XXI ni es socialismo, ni es del siglo XXI. Es comunismo del siglo diecinueve" dijo José Obdulio Gaviria, un cercano asesor del expresidente Álvaro Uribe.

El artículo sigue y vale la pena leerlo todo, sin embargo hasta aquí, parte de lo informado por *El Nuevo Herald*.

Para los socialistas, por mucho que se escondan de diferentes formas, su filosofía, su interés es destruir el sistema capitalista y a los estadounidenses, a ambos los consideran sus enemigos; cuando no lo pueden hacer de frente, como es el caso de los socialistas de España, lo hacen solapadamente dando respaldo a tiranos que tienen secuestrado a sus países, como es el caso específico de Cuba, Nicaragua y ahora Venezuela.

Ningún país con gobiernos socialistas como ha sido el de España, por ejemplo, le ha dado tanta protección a Cuba y Nicaragua, aunque es cierto que han hecho grandes negocios, también es cierto que ha sido más respaldo político y admiración por el éxito que han tenido en su lucha contra EE. UU., los españoles socialistas hacen cualquier cosa directa o indirectamente para proteger a los tiranos que gobiernan esos países secuestrados.

El 9 de septiembre de 2012 el estupendo escritor Carlos Alberto Montaner escribió en *El Nuevo Herald* en español, una gran verdad sobre Venezuela:

Carlos Alberto Montaner:
Diez razones para votar contra Chávez

Henrique Capriles ganó el amplio simulacro electoral del 2 de septiembre pasado. No es una encuesta precisa, pero sí una buena indicación de la tendencia. El próximo 7 de octubre debe derrotar a Hugo Chávez debido a las siguientes diez razones.

1. La inseguridad y la violencia. Para la mitad de los venezolanos este es el principal problema del país. Según el Observatorio venezolano de violencia, en 2011 los delincuentes mataron a 19 336 personas. Durante los catorce años de chavismo 150 000 personas han sido asesinadas. Caracas, más que una ciudad, es un matadero. El más sangriento de Sudamérica.

231

2. El empobrecimiento progresivo. *Según cifras oficiales recogidas en El Nacional, en los últimos once años el poder adquisitivo de los venezolanos cayó un 162%. El país padece la mayor inflación de América Latina. Los salarios aumentaron un 571%, pero los precios subieron un 733%. (Solo en Caracas, de acuerdo con la medición del economista José Tomás Esteves, los precios se multiplicaron por 13.56 desde la llegada de Chávez). Objetivamente, los venezolanos, cada año que pasa son 15% más pobres, aun cuando la nación, debido al precio del petróleo, ha ingresado más dinero que todos los gobiernos anteriores combinados desde que se independizó en 1823. Cuando Chávez llegó al poder, la economía venezolana era un tercio mayor que la colombiana. Ahora es un 21% más pequeña. (PIB de Colombia en PPP, 478 mil millones anuales. Venezuela, 378 mil millones). Es la ruina.*

3. Destrucción de las fuentes de trabajo. *De acuerdo con Conindustria, en la última década han cerrado el 40% de las empresas industriales del país. Cientos de miles de empleados han perdido sus puestos de trabajo. Prácticamente, un millón de venezolanos, la mayor parte urbana y bien educada, han emigrado. Esa pérdida de capital humano era desconocida en Venezuela hasta la llegada del chavismo. Esa es una herida irrestañable.*

4. El despilfarro de los recursos nacionales. *Mientras un porcentaje notable de los venezolanos son pobres, Chávez regala en el extranjero miles de millones de petrodólares. Desde diciembre de 1999 a julio de 2012, Venezuela exportó petróleo F.O.B. por valor de $US 652 560 millones, pero en ese mismo periodo regaló o cedió recursos a sus aliados o subordinados políticos por valor de $US 170 000 millones: ¡más de un 25% de los ingresos petroleros nacionales! Solo el subsidio venezolano* al manicomio de los Castro asciende a más de seis mil millones de dólares anuales. Esto indigna a los venezolanos.

5. La inmensa corrupción. *Según Transparencia Internacional, Venezuela es el país más corrupto de América Latina y uno de los más podridos del mundo. En una lista de 182 países, Venezuela está al final, en el 172, junto a las peores satrapías africanas y asiáticas. Agréguesele a ello el feo asunto de los generales acusados por Estados Unidos de colaborar con los narcotraficantes nacionales e internacionales. Eso parece la cueva de Alí Babá.*

6. La incompetencia. *El chavismo no sabe gobernar. Los puentes se caen. Las cárceles son campos de batallas mortales. Abundan los apagones de electricidad. El correo no funciona. La mayor refinería arde por negligencias. Decae la producción de petróleo. Los hospitales están desabastecidos. Los alimentos se pudren en los almacenes. Los barcos no logran descargar sus mercancías. Las ciudades se paralizan. Caracas se ha vuelto un basurero. Es el horror.*

7. La falta de seriedad y la pérdida de respeto. *El presidente Chávez no es un gobernante serio. Alguien que acusa al Pentágono de haber destruido a Haití con un arma secreta que provoca terremotos no está en sus cabales o es un payaso.*

8. El aventurerismo temerario. *Chávez ha arrastrado a su país a un innecesario conflicto internacional, aliándolo con Irán. Su gobierno es antiamericano, antiisraelí, antisemita, antiespañol, antimercado, antidemocracia. Simultáneamente, es pro-FARC, pro-Gadafi, pro-Assad, prodictaduras. Si algún día Chávez escribe un libro, será "Cómo ganar enemigos inútilmente".*

9. La fatiga. *Después de catorce años, los venezolanos están cansados de un presidente mentalmente inestable que no cesa de hablar para ocultar su pésima gestión de gobierno. Con él, sencillamente, no hay futuro.*

10. La probable muerte. *Chávez tiene un cáncer muy grave, con metástasis, y el pronóstico es sombrío. Si muere en su casa, como un ciudadano más, lo entierran con todos los honores y no tendrá consecuencias para el país. Si muere en la casa de gobierno, dejará en herencia un caos monumental que puede culminar en un baño de sangre. Es una irresponsabilidad aspirar a la presidencia en esas condiciones físicas, pero más irresponsable aún sería elegirlo. Eso lo saben los venezolanos.*

Montaner es escritor y periodista. Su último libro es la novela *La mujer del coronel*.
www.firmaspress.com © Firmas Press.

CAPÍTULO XXI

¿Nos preocupa realmente el narcotráfico?

¿Habrá realmente voluntad política y valor para acabar con el narcotráfico? ¿Quisiéramos realmente exterminar a los narcotraficantes? Es la pregunta que realmente deben hacerse los gobernantes, porque si se quisiera acabar con esta red de asesinos, lo único que se necesita es reconocer dónde está el mal, dónde se respalda políticamente esta red de criminales y entonces tomar una decisión conjunta entre los países afectados y combatirlos hasta la raíz.

Estados Unidos, Canadá, con algunos países de Centroamérica no controlados por la izquierda, México y algunos otros de América del Sur libres del socialismo, deben formar un gran ejército para eliminar de raíz el narcotráfico.

Solamente con un ejército que abarque la mayoría de los países del continente, bien preparado y equipado, que persiga país por país a los traficantes hasta apresarlos o exterminarlos, es que podremos ver un mundo sin el inmenso peligro que hoy las drogas lanzan sobre toda nuestra juventud y cada uno de nosotros, porque aunque no fuéramos consumidores de drogas, corremos el peligro de ser abatidos por bandas criminales que fomentan el terrorismo en cualquier parte del mundo.

No debemos dejar de comprender que la izquierda está dando su respaldo a estos grupos narcoterroristas porque saben que, en síntesis, luchan por los mismos principios de acabar con el capital y los estadounidenses y, aunque muchas veces no lo hagan de frente, lo hacen solapadamente.

Todos hemos presenciado cómo diversos presidentes de América Latina, y muy lamentablemente el expresidente Carter de EE. UU., visitan la isla de Cuba para manifestarle su aprecio a uno de los más grandes asesinos de América, Fidel Castro, quien ha mantenido secuestrada la isla de Cuba por más de cincuenta años; hemos visto a la presidenta de Chile, la socialista Michelle Bachelet, a Daniel Ortega, a Hugo Chávez y a muchísimos más, ¿Qué significan estas demostraciones a semejante tirano?

Si un determinado país se decide a combatir a estos criminales, de inmediato se oirán las protestas de los representantes de los Derechos Humanos, los medios de comunicación izquierdistas iniciarán campañas de alarma sobre las injusticias que está cometiendo determinado gobierno, lo hemos visto cuando fue presidente Álvaro Uribe, lo estamos viviendo en 2012 en México con las grandes críticas contra el presidente Calderón, es más, a su partido le costó la presidencia en las últimas elecciones, ya los medios de comunicación así lo decidieron.

Si se forma un solo ejército, constituido por los países afectados, no habría estas críticas, solo los izquierdistas protestarían, pero el mundo sano apoyaría sus acciones. Es imperativo que se forme un ejército integrado por todos los países del continente americano y que sea dirigido por el país que más pueda aportar en tecnología y capital, por ejemplo, EE. UU.

El narcotráfico es uno de los refugios que muchos gobiernos de izquierda utilizan para mantenerse en el poder, públicamente dicen estar en contra de ellos y hacen publicidad al apresar a unos pocos, sin embargo, la ruta principal del tráfico de drogas la protegen, son tan perversos que no les importa ir contra la voluntad de los pueblos, lo vimos recientemente con el caso de Honduras donde su pueblo defendió heroicamente no aceptar al izquierdista derrotado Manuel Zelaya, sin embargo una OEA dirigida y con intereses a favor de la izquierda, consiguió que todos los países del mundo perjudicaran a este país, hasta lograr que Manuel Zelaya regresara al mismo y desde adentro volver a luchar hasta conseguir el poder para la izquierda hondureña.

Este es el problema mundial, mientras en México se está combatiendo a los narcotraficantes; diferentes países utilizan medios políticos a través de los derechos humanos para darles protección y más bien atacar las acciones que está realizando el presidente de México. También las campañas de los medios de comunicación, en su mayoría, mantienen un desacuerdo con la lucha que realiza el presidente Felipe Calderón del PAN, la derecha mexicana.

Debemos recordar que la actitud del "yo qué pierdo", es la causa por la que los malos triunfan, en estos tiempos de crisis y de una preocupación genuina de muchos padres de familia por los riesgos que sus hijos corren, debemos llenarnos de coraje y esperanzas respaldando la formación de un ejército que aglutine a todos los países del continente americano para que con voluntad política ataquen a fondo a los narcotraficantes y a los gobiernos que cooperan con ellos; mientras que en los países consumidores también se deberá lograr mejores medios de combatir el ingreso y consumo de drogas.

Tenemos la verdad, el mundo sano reconoce que los narcotraficantes y terroristas constituyen una escoria para nuestras sociedades y que deben ser eliminados; lamentablemente eso solo se conseguirá formando un ejército continental que, sin miedo ni restricciones, se enfrente a estos criminales.

Este ejército deberá velar por la seguridad del continente para lo cual es necesario que enfrente sin miedo, y con verdadero respaldo, para evitar aquellas estrategias que tengan como fin instaurar gobiernos de izquierda que, como sabemos y hemos visto en nuestras vidas, dan protección a los grupos de narcotraficantes y terroristas.

El caso de Honduras debe recordarse, porque la OEA dirigida por la izquierda ha logrado que el expresidente Zelaya —que fue legítimamente destituido— regrese al país y así fortalecer a los grupos de izquierda.

La izquierda sigue confundiendo y, por consiguiente, conquistando sus propósitos malignos; recientemente los medios de comunicación mundiales informaban sobre las negociaciones del presidente Juan Manuel Santos de Colombia con la banda de criminales de las FARC que tan heroicamente combatió el expresidente Álvaro Uribe.

La izquierda pide diálogo, pide acuerdos que jamás les interesa cumplir, sus propósitos son claros, destruir el sistema capitalista y a los estadounidenses, aprovechar gobiernos flojos o tontos para avanzar en sus pretensiones de lograr invadir con drogas a la humanidad.

Pronto veremos en Colombia, en unas elecciones "transparentes", que el efecto de la paz —que supuestamente persigue el presidente Santos— no será más que la estrategia para que estos asesinos terroristas de las FARC conquisten la presidencia y desde allí manejar el país como lo han logrado hacer los sandinistas; al poco tiempo estos delincuentes de las FARC estarán codeándose con la sociedad colombiana y entrelazando sus hijos en matrimonio como les ha sucedido a los nicaragüenses.

La gran pregunta es: ¿Creen que dejarán de ser terroristas por haber conquistado el poder? La respuesta la podemos encontrar con lo sucedido en Nicaragua con los terroristas sandinistas o en cualquier otro país controlado por la izquierda.

El mundo necesita de presidentes con clara visión como lo fue el gran presidente Ronald Reagan, como lo han sido los presidentes Álvaro Uribe, Vicente Fox, Roberto Micheletti, George W. Bush y otros más.

CAPÍTULO XXII

Los malos se unen

El mundo se está perdiendo, los socialistas avanzan en sus planes macabros, poco a poco están logrando que los terroristas, narcotraficantes, criminales y ladrones se conviertan en la nueva sociedad aceptada por el resto del mundo.

Hoy vemos en el continente americano, por ejemplo, cómo han sido aceptados en las diferentes sociedades y gobiernos supuestamente de derecha, los Castros de Cuba, los Sandinistas de Nicaragua, el FMLN de El Salvador, Chávez de Venezuela y algunos otros más, pronto veremos cómo la banda de criminales, secuestradores y narcoterroristas de las FARC serán aceptados una vez que les entreguen el poder mediante el voto popular.

De vez en cuando aparecen publicaciones que alertan sobre acontecimientos importantes que están sucediendo en la región, recientemente el 3 de febrero de 2012 se publicó en *El Nuevo Herald* lo siguiente: **"Preocupa a EE. UU. alianza de Irán con Venezuela y Cuba".**

Este artículo que escribió Antonio María Delgado, vale la pena leerlo en la edición del 3 de febrero de 2012.

Siempre los socialistas defienden hasta a los criminales más grandes de la humanidad, tenemos, por ejemplo, a

Muamar Kadafi, quien mientras asesinaba a su población, los sandinistas, los castristas y el resto de los gobiernos de izquierda protestaban contra la intervención de la ONU, Daniel Ortega le brindó al exsacerdote Miguel d'Escoto que representaba a Nicaragua en la ONU para que también representara a Libia a pesar de que los países auténticamente democráticos estaban en contra de la matanza de su pueblo.

Si además del peligro que significa para la región los petrodólares de Venezuela, le agregamos la importancia que tienen para Irán los territorios de Nicaragua, Honduras y El Salvador, comprenderemos que en el momento que caiga Honduras, la región se convertirá en la mayor fuente de terrorismo cuyo destino principal es Estados Unidos.

Ya en la década del ochenta, el presidente Reagan (q. e. p. d.) combatió a los sandinistas apoyando la contrarrevolución debido a que en las montañas de Nicaragua los sandinistas daban entrenamiento a los terroristas de las FARC y del FMLN de El Salvador, ahora imaginemos lo que podría ocurrir si Honduras padeciera un régimen de izquierda y tuviéramos otro Carter en la Casa Blanca y si a esto le agregamos que las FARC conquisten el poder en Colombia, no podemos siquiera imaginar lo que sería nuestro continente americano.

¿Qué les pasa a los estadounidenses y latinoamericanos, será que olvidaron por qué luchó el presidente Reagan contra los sandinistas?

Ahora es más fácil comprender por qué la OEA y muchos otros países controlados por la izquierda hicieron hasta lo imposible para que el expresidente Zelaya regrese con el fin de obtener el poder en Honduras, es más, no descansarán hasta lograr sus propósitos.

Aunque el pueblo hondureño se comportó con heroicidad cuando Zelaya fue destituido del poder, la amenaza de la OEA y de los países de izquierda sobre Honduras lo doblegaron, hay que tener presente que Honduras es importantísima para los planes de la izquierda.

El gran peligro para Latinoamérica es que muchos países no le dan la importancia a la unión existente entre los tres países del mal, los cuales están luchando para obtener resultados en afectar a los estadounidenses y a la empresa privada.

La importancia de esos tres países es clara para Irán, por eso han llegado a Nicaragua muchísimos iraníes y de otros países y después desaparecen porque, según varios nicaragüenses los llevan a las montañas, al igual que hicieron con las FARC y el FMLN en la década de los ochenta.

Muchos nicaragüenses se preguntan: ¿será que ya están usando nuevamente las montañas de Nicaragua para entrenar terroristas?

Aunque es cierto que EE. UU., según los medios de comunicación, se ha preocupado por los vuelos semanales entre Irán y Venezuela, como lo dijo al senado el 7 de abril de 2011 el jefe del Comando Sur de EE. UU., General Douglas Fraser, hasta el momento no han hecho absolutamente nada; ellos deben saber que si los iraníes entran a Venezuela y Nicaragua sin necesidad de visa es porque están cumpliendo alguna misión importante; lo más probable será entrenamiento en las montañas de Nicaragua y cooperación con los grupos terroristas de las FARC.

Los estadounidenses no son tontos, ellos saben que Cuba, Nicaragua y Venezuela son sus enemigos, que sus tiranos no descansan estudiando formas para afectarlos; sin embargo aún nadie comprende por qué tanta pasividad de Estados Unidos con estos enemigos que seguirán en su lucha de conseguir más países que se les unan a la doctrina de la izquierda, ¿por qué tanta tolerancia?

¿Será que no les importa que día por día en estos países se adoctrinen a decenas de miles de niños para inculcarles odio contra Estados Unidos y el capital?

Para los socialistas, por mucho que se escondan bajo diferentes formas, su filosofía, su interés es destruir el sistema capitalista y a los estadounidenses, a ambos los consideran sus enemigos; cuando no lo pueden hacer de frente como es el caso de los socialistas de España, lo hacen solapadamente dando respaldo a tiranos que tienen secuestrado a sus países, como es el caso específico de Cuba, Nicaragua y ahora Venezuela.

Ningún país con gobiernos socialistas como ha sido el de España, por ejemplo, le ha dado tanta protección a Cuba y Nicaragua, aunque es cierto que han hecho grandes negocios, no es menos cierto que ha sido más el respaldo político y la admiración por el éxito que han tenido en su lucha contra EE. UU., los españoles socialistas hacen cualquier cosa directa o indirectamente para proteger a los tiranos que gobiernan esos países secuestrados.

CAPÍTULO XXIII

Las FARC controlarán a Colombia.
La izquierda sigue avanzando

Qué pena, Colombia será un país más que la izquierda controlará, el presidente Santos (2012) de una forma increíble, no se sabe si es por figureo o por inocencia, cae en las redes de la izquierda y acepta negociar acuerdos de "paz" con el grupo de terroristas y narcotraficantes más temidos y consistentes del continente americano.

¡Pretende el presidente Santos entregar su banda presidencial a uno de los criminales y secuestradores de las FARC! ¿Es ese el precio de la paz?, o más bien los colombianos tendrán que sufrir muchas décadas con un gobierno de izquierda que, en nombre de los pobres, destruirá la bella Colombia que les dejó el presidente Uribe.

¿Será posible que el presidente Santos no se percate de que las FARC recibirán todo el apoyo de la izquierda mundial para que conquisten el poder? Tal vez no le tocará entregar su banda presidencial a los terroristas de la FARC, pero sí lo hará el siguiente presidente, no hay forma de que no conquisten la presidencia.

Todo el éxito conseguido para Colombia por el expresidente Álvaro Uribe, no solo en la reducción de las fuerzas terroristas, sino también en haber logrado de un modo extraordinario el mejoramiento y la confianza en la economía colombiana, será destruido con los acuerdos de paz que firmará el presidente Santos y que no es más que lograr que este grupo de terroristas, por el voto popular, controle Colombia y se una a Venezuela, Bolivia, Ecuador, Argentina, Nicaragua y la ya temible Cuba de los Castros.

El estupendo esfuerzo realizado por el expresidente Álvaro Uribe y otros presidentes más en su lucha incansable contra las FARC, se tira por la borda y, de forma aún incomprensible, se acepta negociar (octubre de 2012) sin importar que las Fuerzas Armadas de Colombia tienen casi exterminado a dichos terroristas después de grandes sacrificios en pérdidas humanas que han sufrido tanto las Fuerzas Armadas como el pueblo colombiano.

La victoria de las FARC o más bien la victoria de la izquierda mundial es inminente en lo que fue la bella Colombia, ahora los terroristas de las FARC conquistarán por la vía "democrática", o más bien con la fórmula del "populismo", el gobierno de Colombia, el mundo no tardará en ver cómo el pueblo colombiano, por medio de unas elecciones "limpias", llevará al poder a los temidos terroristas y narcotraficantes. ¿Qué se podrá esperar de ellos?

Qué se puede esperar de un país en que con grandes esfuerzos del expresidente Uribe logró de forma implacable luchar contra los secuestros, el terrorismo y el narcotráfico, al punto de lograr que Colombia se convirtiera en un país atractivo para la inversión extranjera, alcanzando un desarrollo sostenible que despertó en una estabilidad económica que superó a casi todas las economías de América Latina.

Próximamente tendremos a una Colombia unida al grupo de países que luchan por acabar con el sistema capitalista y contra los estadounidenses. Irán, con el resto de los países terroristas del mundo, ha dado un paso victorioso en el continente americano si se firman estos acuerdos de paz.

Parece mentira que la organización más grande del mundo, la izquierda, ahora también controle a un país clave para avanzar en su lucha contra los EE. UU. y el sistema capitalista, antes de que termine el presente siglo XXI se verá un mundo en retroceso con hambre, enfermedades masivas, económicamente destruido, con seres sin moral, sin valores y donde la mentira, la calumnia, las drogas y la corrupción estarán presentes en estas nuevas sociedades.

No le ha bastado al mundo ver los millones de muertos y harto sufrimiento de los países que vivieron en el infierno comunista, ni lo que se vive en países secuestrados como Cuba y Nicaragua.

No será hasta mediados del siglo XXII que posiblemente el ser humano llegará a comprender que ha sido destruido por las doctrinas de la izquierda y para poderse recuperar y recomponer para siempre —sobre todo en sus valores humanos— deberán prohibir con leyes fortísimas al que ejerza o pretenda continuar con la doctrina del mal.

Esta maldita doctrina que llaman de diversas formas: Socialistas, Izquierda Unida, Socialistas del Siglo XXI, Sandinistas, FARC, FMLN, Comunistas, etc., será enterrada y recordada como la peor epidemia que sufrió la humanidad durante los siglos XIX, XX y XXI.

Nuestros descendientes tardarán más de cien años en comprender que el mal y la pobreza de la humanidad ha estado en la doctrina de la izquierda y su tolerancia que una imperfecta democracia ha permitido en su nombre destruir los principales valores que el mundo, con muchos esfuerzo, ha logrado conseguir. La pobreza, la envidia y la corrupción serán las leyes que la izquierda, con cinismo, manejará exitosamente en el nombre de los pobres.

Es en la izquierda donde florece la envidia, el cinismo, el robo, la haraganería, el terrorismo, las drogas, el secuestro y la falta de un sistema judicial incorrupto que aplique leyes justas para todos los ciudadanos; los ejércitos que han servido para mantener tiranos y a una izquierda destructiva. También en el siguiente siglo los ejércitos serán eliminados y esos presupuestos se invertirán en educación y salud, por fin el mundo le pondrá fin a tanto desastre.

Qué pena la que tendremos que sufrir con la entrega de Colombia a la izquierda mundial. ¿Será que la auténtica democracia no logra comprender que sus principios los están tergiversando y destruyendo?, o ¿será que en instituciones democráticas están infiltrados algunos izquierdistas que logran controlar las organizaciones, como es el caso de la OEA?

Pobres de los colombianos, pobres de los latinoamericanos y muy pronto pobres de los estadounidenses y el resto del mundo auténticamente democrático; es una pena como dijo el expresidente Uribe, que Colombia haya cambiado buenos aliados por terroristas de las FARC, no es posible que se pueda pensar que un grupo de terroristas y narcotraficantes —cuyos objetivos han sido los secuestros, los asesinatos, la corrupción y ser líderes en el suministro de drogas— ahora sean aliados del gobierno colombiano para que, muy pronto, mediante elecciones, sean llevados al poder.

Colombia, con el éxito alcanzado por el presidente Uribe durante su mandato, fue visitado por muchísimos países que querían aprender de ellos en el exitoso combate contra las drogas, los secuestros y los logros en estabilizar su país creando estabilidad social, económica y seguridad en casi todo el territorio colombiano.

México, entre otros países, fue uno de los que siguió con mucho interés lo logrado por el presidente Uribe, de igual forma lo hicieron el Perú y España, muchos de estos y otros países copiaron las nuevas leyes creadas por el gobierno de Uribe para combatir el narcoterrorismo, miles de agentes de varios países recibieron instrucciones en Colombia. El mundo auténticamente democrático está asombrado, desconcertado con esta decisión del presidente Santos de engañarse con una supuesta paz para llevarlos a través de elecciones a que gobiernen a Colombia.

El mundo democrático reconoció a los integrantes de las FARC como narcoterroristas y los mayores distribuidores de coca y que han generado miles de muertos en todas partes del mundo; próximamente los veremos ostentando la banda presidencial colombiana aliados a todos los enemigos del capital y de Estados Unidos, cómo explicar que ahora las FARC será un partido político que obtendrá la presidencia y controlará al ejército de Colombia, eliminando a los que no puedan corromper para así gobernar durante varias décadas.

El 30 de diciembre de 2012 —en *El Nuevo Herald*— el excelente y muy querido senador Marco Rubio escribió en uno de los párrafos de su artículo, lo siguiente:

El presidente Juan Manuel Santos merece elogios por mantener la ofensiva contra las FARC, aun con las negociaciones en marcha. Con las FARC contra la pared, este es el momento de poner fin a esta organización narcoterrorista, ya sea mediante una victoria militar, una capitulación de las FARC o una combinación de las dos. Aunque espero que las conversaciones de paz tengan éxito, exhorto a Southcom (Comando Sur de

EE. UU.) y al *Comando de Operaciones Especiales Conjuntas a mantener una robusta cooperación con los colombianos para derrotar a las FARC, de manera que la paz por fin llegue a Colombia.*

Deseamos de todo corazón que el presidente Santos esté actuando muy inteligentemente como lo describe el senador Rubio en el párrafo anterior.

CAPÍTULO XXIV

Construyamos un mundo mejor

¡Sí podemos construir un mundo mejor! ¡Un mundo feliz! ¡Sin pobreza! ¡Sin injusticias!, y ¡con trabajo! Lo único que se requiere para lograrlo es aceptar que en la izquierda está la desgracia del mundo.

¡Sin izquierdistas!, llámense estos Socialistas, Comunistas, FARC, Sandinistas, FMLN, Izquierda Unida, terroristas, etc., todos ellos son inyectados con el mismo veneno, cuanto más claro tengamos esta verdad, más personas en el mundo podremos vivir mejor y salvarnos de una vida llena de problemas que es lo que se cosecha con los gobiernos de izquierda. Si analizamos a fondo lo que es la pobreza, nos encontraremos que pobreza es sinónimo de inseguridad, de injusticia, de robos, de crímenes y su consecuencia directa es el miedo.

¿Cómo se puede aumentar la producción?, ¿cómo se pueden hacer inversiones a largo plazo?, ¡si el mundo vive amenazado por las izquierdas!; para generar riqueza lo que más se necesita es tranquilidad, paz, seguridad, leyes e impuestos justos, ¡y esto es precisamente lo que no ofrece la izquierda!, ellos buscan cómo destruir, pero nunca cómo construir.

Estados Unidos es grande y es el país más próspero y rico del planeta porque existen leyes justas, el respeto al derecho ajeno y por otros grandes principios que ha distinguido a

251

esta gran nación, permitiéndole a cada ciudadano trabajar y desarrollar sus ilusiones en completa armonía y sin miedo en sus vidas, confiscaciones o leyes injustas.

Esta es la gran diferencia con los países de izquierda que profesan todo lo contrario a los estadounidenses, a los que envidian y desean destruir.

Veamos la tragedia de España, cuando el partido de derecha está luchando para salvarla de todo el desastre que hicieron los socialistas irresponsablemente en los ocho fatídicos años que controlaron el poder. Los socialistas le están montando huelgas por montones, manifestaciones y todo lo que pueda impedir llevar a España por los senderos del progreso.

El daño causado por los socialistas es tan grande que la inteligencia de muchos españoles no llega a comprender que si no se toman medidas que exigen sacrificios, ellos seguirán sin trabajo y en peores condiciones, gran parte del pueblo español no llega a entender que fueron las políticas irresponsables y corruptas de los socialistas las que han destruido su economía, el español no logra comprender que no existe en la historia del mundo un gobierno socialista que no haya destruido su nación.

Es tal el desastre que han perpetrado los socialistas en España, que tienen más de cuatrocientos mil políticos dentro del gobierno, la mayor cantidad de toda Europa, Alemania por ejemplo tiene la mitad de los que posee España, el nuevo gobierno de Rajoy los está reduciendo con grandes dificultades.

Mientras un diputado que no tiene, por lo general, ninguna preparación gana 30 000 euros de por vida, un maestro gana 1400, un policía 1600, un médico 2200, solo para referirnos a algunas de las barbaridades del socialismo.

¿Si usted tiene unos pequeños ahorros o tiene riquezas

que le han costado trabajo honrado producirlo a usted o sus antepasados, lo invertiría en países controlados por la izquierda? ¿Usted iría a Cuba, Nicaragua o Venezuela a exponer su capital? Seguramente contestará que no, evidentemente ese es el problema por el cual no se puede eliminar la pobreza.

Por el contrario, tenga leyes justas y gobiernos que construyan y no destruyan, verá cómo en esos países la pobreza es mínima porque el trabajo fluye por todas partes, la envidia no es el pan de todos los días como sucede en los países gobernados por la izquierda, no existe la fomentación del odio entre clases, simplemente se busca que todos tengan oportunidad de estudiar, verdadero antídoto contra la pobreza.

Cuatro grandes líderes: Ronald Reagan, el Santo Padre Juan Pablo II, Margaret Tatcher y Gorbachov pudieron derrumbar el sistema comunista de Europa Oriental en 1989 y, dos años después, el de la Unión Soviética; hasta uno de los símbolos principales del comunismo como fue el Muro de Berlín, ¡lo derrumbaron! ¡Y la alegría fue mundial! El día que vivamos sin izquierdistas, la alegría será mundial, las injusticias desaparecerán, se habrán reducido sustancialmente los drogadictos, los secuestros, los crímenes, etc.

En la URSS y en todos los países gobernados por el sistema comunista (izquierda), sus poblaciones vivieron en extrema miseria, llenas de injusticias y sin esperanzas, hasta que estos cuatro grandes líderes ayudaron a que se terminara tanta barbarie que existió en esa parte del mundo, donde fueron asesinados más de cuarenta millones de personas.

El mundo ahora, para ser mejor, tiene la posibilidad de unir a cuatro grandes expresidentes, varios extraordinarios periodistas que, juntos con los que creemos en los principios democráticos, son importantes para el mejoramiento del ser humano y de una nación.

¡Sí, entre todos podemos lograrlo!

Propongámonos vivir sin izquierdistas, muchos de ellos pueden cambiar, han sido víctimas de las circunstancias, solo sus líderes y los corruptos de esa diabólica organización insistirán en ella, pero se quedarán solos si nos encuentran con valor luchando contra ellos.

Luchemos para que en las escuelas se les enseñe la desgracia y pobreza que ha causado al mundo la izquierda; que conozcan los millones de asesinatos que ha realizado en los diversos países del planeta.

Revertamos en las escuelas públicas la enseñanza que les dan a los niños al decirles que los causantes de la pobreza de ellos y de sus padres han sido los ricos, los empresarios y que Dios no existe.

No temamos hablarles claro a nuestros hijos, nietos, etc., sobre la desgracia que han causado y siguen causando en el mundo estos seres humanos, no dejemos de hablarles pensando que ya lo deben saber porque realmente, como no lo han vivido, no lo comprenden; pero si los padres tomamos la responsabilidad de comunicárselo, sí lo tendrán presente las futuras generaciones.

Defendamos nuestros principios y valores apoyándonos en verdaderas leyes que mejoren nuestra humanidad, seamos fuertes contra los que las violen, apoyemos la justicia, luchemos contra el armamentismo innecesario que solo puede causar daños.

Respaldemos a los países, como es el caso de Nicaragua, que no deben tener ejército, hagamos comprender a sus ciudadanos que con el presupuesto que tiene el ejército de Nicaragua se pueden contratar más de veinte mil maestros, pagándoles tres veces más de lo que hoy ganan.

Vendiendo su armamento —siempre en el caso de Nicaragua— se podrían construir fácilmente cuarenta mil escuelas y unos veinte mil centros de salud. Luchemos para que el nicaragüense y otros países que no necesitan ejército, lleguen a comprender que sí necesitan escuelas con maestros, única forma de salir de la pobreza — por no decir miseria — en la que viven esos países secuestrados.

Ayudemos a los venezolanos, nicaragüenses, cubanos, etc., a salir de semejantes monstruos o bien al que quiera seguir sus pasos, aceptemos que dejar que se propaguen los tiranos será causa y efecto de más pobreza e injusticia en el mundo.

Acabaremos con la dictadura de los Castros, si nos unimos para mejorar el mundo sin izquierda, ellos deberán ser prioridad, Cuba merece ser libre, sin ejército por supuesto, su ejército solamente sirve para utilizarlo contra sus propios ciudadanos.

Colaboremos recomendando aquellos libros y todo lo que ayude a hacer comprender al ser humano el daño que ha hecho y sigue haciendo la izquierda, defendamos nuestros hijos, nietos, bisnietos, etc., preparemos un mundo mejor para nuestra descendencia.

Logremos la unión entre los grandes expresidentes y periodistas de valor para que, con nuestra ayuda económica, puedan cumplir con la difícil, pero no imposible, tarea de salvar nuestro mundo.

Solicitemos a los países que aún no han caído en la izquierda que retiren a sus funcionarios de tendencia izquierdista como es el caso específico de José Miguel Insulza.

Reduzcamos los anuncios, si es que no podemos suprimirlos de una vez, en aquellos medios de comunicación utilizados por la izquierda.

La tarea es difícil, pero no imposible, vale la pena salvarnos y salvar nuestro mundo.

La Educación Cívica en las escuelas mejoraría nuestro

mundo. La Educación Cívica en las escuelas públicas y privadas debe ser "prioridad" en la formación del nuevo ciudadano. Si queremos ciudadanos bien formados, educados y con sólida formación de los principios democráticos y del respeto al derecho ajeno que nos lleva a la paz, no debe permitirse la educación de los niños sin una formación cívica y si esta puede ser acompañada por la religión, entonces tendremos verdaderos valores en las nuevas generaciones de cualquier país.

Es una pena ver que las nuevas generaciones que crecen en varios países de América Latina carecen de valores cívicos y, por supuesto de valores religiosos. Todo esto está llevando a una gran parte de la juventud a ser una carga y un problema para el estado.

Podemos asegurar que los niños o jóvenes que reciben formación cívica y religiosa, en su gran mayoría, serán ciudadanos que enorgullecerán a su nación, que sabrán cumplir con sus deberes cívicos y políticos en favor del bienestar de sus conciudadanos.

Cuando un joven se forma con valores cívicos y religiosos, podemos asegurar que será un colaborador de por vida en el mantenimiento de su país para que sobresalga en limpieza, salud, economía, dignidad y trabajo.

Es una pena que a estas alturas del nuevo siglo donde los avances tecnológicos han sorprendido al mundo por sus adelantos en todos los campos, observemos muchas tiranías formadas por la izquierda en América Latina que logran mantener sus doctrinas de miseria, injusticias, robos, violencias con el apoyo de una juventud creada y desarrollada sin principios cívicos y, por supuesto, tampoco religiosos.

Exigen derechos que no han sido capaces de lograr en sus escuelas, con su familia o bien en otras organizaciones, se han acostumbrado a extender la mano en vez de aprender a lograr lo que necesitan con su propio esfuerzo de estudio o de trabajo, se convierten en fáciles presas de las izquierdas porque casualmente fomentan los principios de haraganería, violencia, corrupciones, drogadicción, etc.

Si queremos que algún día nuestros países tengan ciudadanos dignos, verdaderos luchadores contra la pobreza, la insalubridad, la injusticia, debemos asegurarnos de que se reciba, en las escuelas al menos, una adecuada educación cívica.

Los terroristas salen de las izquierdas, eso nunca debemos olvidarlo, la pobreza es caldo para conseguir terroristas, traficantes de drogas, sobre todo si tienen una pobre formación y si alguno de los izquierdistas no está de acuerdo con el terrorismo, es seguro que sea una mínima cantidad de ellos. Debemos tener cuidado de cualquiera de sus movimientos.

Aunque es cierto que EE. UU., según los medios de comunicación, se ha preocupado por los vuelos semanales entre Irán y Venezuela, como lo dijo al senado el 7 de abril de 2011 el jefe del Comando Sur de EE. UU. —general Douglas Fraser— hasta el momento no han hecho absolutamente nada; ellos deben saber que si los iraníes entran a Venezuela y Nicaragua sin necesidad de visa, es porque están cumpliendo alguna misión importante, lo más probable es que se estén entrenando en las montañas de Nicaragua y cooperen con los grupos terroristas de las FARC y, naturalmente, buscando la manera de que Honduras caiga en un régimen de izquierda para entonces dar entrenamiento a miles de terroristas que atacarán los Estados Unidos y cuanto país les estorbe en sus macabros planes.

Los estadounidenses no son tontos, ellos saben que Cuba, Nicaragua y Venezuela son sus enemigos, que sus tiranos no descansan estudiando formas para afectarlos; sin embargo, aún nadie comprende por qué tanta pasividad de Estados

Unidos con estos enemigos que seguirán en su lucha por conseguir que más países se unan a la doctrina de la izquierda, ¿por qué tanta tolerancia?

¿Será que no les importa que día por día en estos países se adoctrinen a decenas de miles de niños para inculcarles odio contra Estados Unidos y el capital? ¿Qué pasará ahora que el presidente Obama ha nombrado Secretario de Estado a un amigo de los sandinistas y de los demás gobiernos de izquierda y que fue también, junto a José Miguel Insulza de la OEA, quienes hicieron hasta lo imposible para que Zelaya tomara nuevamente el poder a pesar de que sabían que Zelaya, con los demás gobiernos izquierdistas de la región, había organizado una ruta para el tráfico de drogas a través de Honduras?

Es fácil conocer a los socialistas, porque ellos están al acecho de los triunfadores, siempre la envidia los corroe, sus deseos de destrucción es permanente, viven del cinismo, de la corrupción y de la continua mentira. El día que el ser humano descubra que es educándose, respetando el derecho ajeno, dedicándose al trabajo honrado y teniendo a Dios como su principal guía, será una persona que jamás respaldará la doctrina del socialismo porque esta destruye y no construye nada positivo.

Sin izquierdistas es cuando verdaderamente el mundo se librará de la corrupción y saldrá de su pobreza, de las injusticias… y la felicidad será causa y efecto de todos los ciudadanos del mundo.

No tengamos ninguna duda de que, respetando el principio de libertad con que Dios nos creó, la toma de nuestras decisiones será clave para el éxito económico y de justicia de nuestros países. La libertad del hombre y el "respeto al derecho ajeno" son las bases fundamentales de la derecha para crear el éxito; es parte de nuestra naturaleza humana, es lo que ha dado resultado en los países que lo ejercen, la historia del mundo lo ha comprobado.

Compare un país tomado por los socialistas con otro que no ha sido tomado y verá su gran diferencia, esto sucede porque todas las doctrinas de la izquierda solo producen angustias, pobreza, desempleo, miedo e irresponsabilidades que se manifiestan en la corrupción que instalan en sus gobiernos. La actual crisis económica (2013) que viene de años atrás y posiblemente continuará por varios años más, no es una crisis de la economía de mercado, sino más bien una crisis provocada por la falta de libertades, por la falta del respeto al derecho ajeno y la corrupción desarrollada en grandes proporciones por los socialistas.

Con solo recorrer con nuestro pensamiento los países que están en crisis veremos el efecto socialista comparado con los países no controlados por estas lacras humanas. Debemos tener muy presente que el "socialismo del siglo XXI", o cualquier otro nombre bajo el que se refugien los izquierdistas, no es más que el comunismo que empobrece y destruye, donde solo los que están a la orilla de la cúpula gobernante son los que reciben las prebendas para subsistir y algunos para hacerse millonarios.

Todos los poderes del estado, incluyendo principalmente las Fuerzas Armadas y la Corte Suprema de Justicia, son los que permiten la perpetuación en el poder de los tiranos, así como la corrupción, las injusticias y el empobrecimiento de la población, entre todos tenemos derecho a construir un mundo mejor, de usted depende.

De la presente edición:

La izquierda:

Azote mundial que empobrece y destruye

producida por la casa editorial CBH Books

(Massachusetts, Estados Unidos),

año 2013.

Cualquier comentario sobre esta obra

o solicitud de permisos, puede escribir a:

Departamento de español

Cambridge BrickHouse, Inc.

60 Island Street

Lawrence, MA 01840

U.S.A.

La editorial Cambridge BrickHouse, Inc.
ha creado el sello CBH Books
para apoyar la excelencia en la literatura.
Publicamos todos los géneros, en todos los idiomas
y en todas partes del mundo.
Publique su libro con CBH Books.
www.CBHBooks.com

www.ingramcontent.com/pod-product-compliance
Lightning Source LLC
Chambersburg PA
CBHW061006280326
41935CB00009B/853